GITARRENTABULATOREN RICHTIG LESEN

Eine komplette Anleitung zum Lesen von Gitarrentabs und Spielen moderner Gitarrentechniken

JOSEPH ALEXANDER

FUNDAMENTAL CHANGES

Gitarrentabulatoren richtig lesen

Eine komplette Anleitung zum Lesen von Gitarrentabs und Spielen moderner Gitarrentechniken

Veröffentlicht von **www.fundamental-changes.com**

ISBN: 978-1-78933-099-1

Copyright © 2019 Joseph Alexander

Herausgegeben von Tim Pettingale

Das moralische Recht dieses Autors wurde geltend gemacht.

Alle Rechte vorbehalten. Kein Teil dieser Publikation darf ohne vorherige schriftliche Genehmigung des Herausgebers vervielfältigt, in einem Abrufsystem gespeichert oder in irgendeiner Form und mit irgendwelchen Mitteln übertragen werden.

Der Herausgeber ist nicht verantwortlich für Websites (oder deren Inhalte), die nicht dem Herausgeber gehören.

Twitter: **@guitar_joseph**

Über 11.000 Fans auf Facebook: **FundamentalChangesInGuitar**

Instagram: **FundamentalChanges**

Für über 350 kostenlose Gitarrenstunden mit Videos gehe auf

www.fundamental-changes.com

Copyright des Titelbildes: Shutterstock (Brothers Art)

Mit großem Dank an Levi Clay für alle Transkriptionen, Notationen und Einspielungen.

Mit besonderem Dank an Helmut Van Bentum für die wertvolle redaktionelle Mitarbeit.

Inhaltsverzeichnis

Einführung 5

Hol dir das Audiomaterial 8

Kapitel Eins: Die Grundlagen – Linien, Zahlen und Rhythmus 9

    Rhythmus lesen 12

Kapitel Zwei: Bending 19

    Vibrato 23

Kapitel Drei: Picking 25

    Anschläge 26

    Spezialeffekte beim Picking 29

Kapitel Vier: Slides 32

Kapitel Fünf: Legato (Hammer-Ons, Pull-Offs und Tapping) 34

    Hammer-Ons 34

    Pull-Offs 35

    Tapping mit der rechten Hand 37

Kapitel Sechs: Artikulation und Dynamik 40

    Artikulation 40

    Dynamik 42

Kapitel Sieben: Obertöne 45

Kapitel Acht: Whammy Bar Techniken 51

Kapitel Neun: Strukturelle Ausrichtungen 55

    Taktstriche 55

Fazit 60

Über den Autor

Joseph Alexander ist einer der produktivsten Verfasser moderner Gitarrenunterrichtsmethoden. Er hat über 350.000 Bücher verkauft, die eine Generation aufstrebender Musiker ausgebildet und inspiriert haben. Sein unkomplizierter Unterrichtsstil basiert darauf, die Barrieren zwischen Theorie und Aufführung niederzureißen und Musik für alle zugänglich zu machen.

Joseph wurde am Londoner Gitarreninstitut und am Leeds College of Music ausgebildet, wo er einen Abschluss in Jazzwissenschaften erwarb. Er hat Tausende von Studenten unterrichtet und über 30 Bücher über das Gitarrenspiel geschrieben. Er ist der Geschäftsführer von Fundamental Changes Ltd., einem Verlag, dessen einziger Zweck darin besteht, Musiklehrbücher von höchster Qualität zu erstellen und Autoren und Musikern ausgezeichnete Tantiemen zu zahlen.

Einführung

In der einen oder anderen Form gibt es die Tabulatur seit dem 15. Jahrhundert, als sie zur schnelleren Notation von Musik für die Laute verwendet wurde. Obwohl sich die Tabulatur (Tab) etwas weiterentwickelt hat, sieht sie immer noch in bemerkenswerter Weise ähnlich aus wie die ersten Beispiele, die vor über 600 Jahren aufgezeichnet wurden.

Die traditionelle Musiknotation verwendet ein System von fünf Linien und Punkten, um die Tonhöhe einer Note zu beschreiben. Zum Beispiel sieht die Tonleiter von C-Dur, wenn sie in traditioneller (Standard) Schreibweise geschrieben wird, so aus:

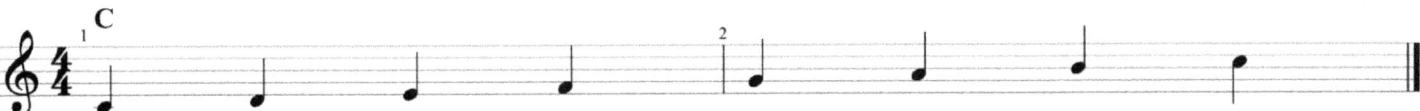

Während die Tabulatur in gewisser Weise der traditionellen Notation ähnelt, repräsentieren die Linien nun die sechs physikalischen Saiten des Instruments und die Punkte wurden durch Zahlen ersetzt. Diese Zahlen sagen uns, auf welchem Bund und auf welcher Saite des Instruments zu spielen ist. Die C-Dur-Tonleiter von oben kann wie folgt für der Gitarre geschrieben werden.

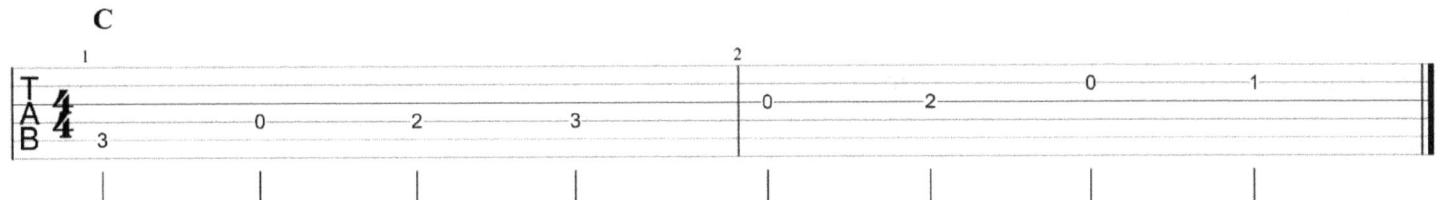

Die Noten in den beiden vorhergehenden Diagrammen sind identisch.

Warum also lesen Gitarristen lieber die Tabulaturen, wenn es doch ein perfektes System traditioneller Musiknotation gibt?

Nun, die kurze Antwort ist: „Weil es viel einfacher zu lesen ist!"

Auf einer 24-bündigen Gitarre gibt es bis zu sechs Stellen, an denen die Tonhöhe E gespielt werden kann, die entsteht, wenn man die leere hohe E-Saite spielt. Die identische Tonhöhe kann an den folgenden sechs Stellen gespielt werden.

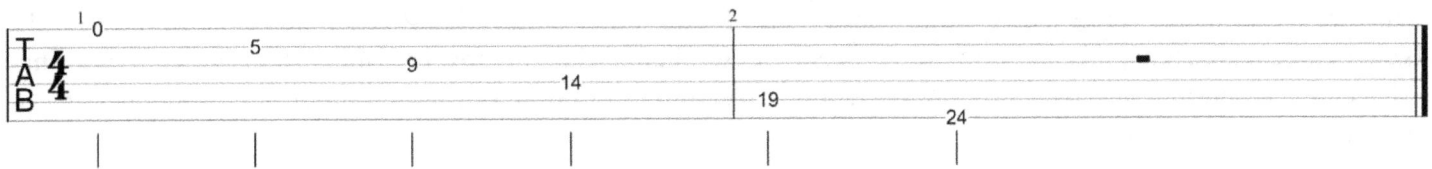

5

Wo spiele ich diese Note?

Wenn du jede Note einzelnen spielst, wirst du hören, dass die Tonhöhe unverändert ist, während sich der *Ton* bzw. der Klang der Note ändert.

Die meisten Tonhöhen auf der Gitarre können an drei oder vier verschiedenen Stellen gespielt werden, was den Gitarristen beim Notenlesen sofort benachteiligt. Jede Tonhöhe auf einem Klavier kann an nur einer Stelle gespielt werden, so dass ein Pianist, wenn er ein Stück der traditionellen Notation sieht, weiß, was jeder Punkt bedeutet und welche Taste er anschlagen soll. Gitarristen hingegen müssen die beste Position finden, um eine Phrase oder ein Lick zu spielen, so dass ein gewisses Maß an Versuch und Irrtum erforderlich sein kann.

Die Tabulatur überwindet dies, denn sie sagt uns nicht nur sofort, welche Note zu spielen ist, sondern auch, *wo wir sie spielen sollen.*

Die Tabulatur hat auch den Vorteil, dass sie für Anfänger sofort lesbar ist. Deshalb ziehen die meisten Gitarristen es vor, Tabulatur zu lesen, als Notation.

Wenn ich dich in deiner allerersten Gitarrenstunde in traditionelle Musiknotation unterrichten würde, müsste ich dir zuerst zeigen, welche Note auf jeder Zeile und an jeder Stelle repräsentiert wird. Du müsstest lernen, welche Noten es waren und sie dir merken. Dann müsstest du die Position dieser Noten auf dem Griffbrett lernen und sie dir merken.

Schließlich müsste man die Reihe von Punkten, die ich für dich aufgeschrieben habe, „entschlüsseln", herausfinden, welche Noten das waren, diese auf der Gitarre finden und dann spielen. Das ist ein ziemliches Unterfangen! Ich habe noch nicht einmal angefangen, über Rhythmus zu sprechen und wenn ich einen Akkord schreiben würde, könnten bis zu sechs Punkte übereinandergestapelt sein!

Mit Hilfe der Tab kann ich dir jedoch schnell zeigen, dass die untere Linie die tiefe E-Bass-Saite und die obere Linie die hohe E-Saite darstellt und dass die auf jeder Saite geschriebenen Zahlen dir sagen, auf welchem Bund du spielen sollst; es ist keine Dekodierung erforderlich. Dann können wir mit dem wichtigen Geschäft des Musizierens und Rockens weitermachen!

Verstehe mich nicht falsch, das Lesen der traditionellen Notation ist eine lebenswichtige Fähigkeit, die jeder Musiker beherrschen sollte, und du solltest alle Anstrengungen unternehmen, um es zu lernen, aber es ist sicherlich kein Ziel für deine erste Gitarrenstunde.

Ausdruck hinzufügen

Ein weiterer großer Vorteil der Tab liegt darin, wie Gitarristen das Instrument spielen. Fast jede Note, die wir spielen, neigt dazu, in irgendeiner Weise verschönert zu werden. Um zwischen den Noten zu wechseln, können wir sie benden, sliden, tappen, als Hammer-On oder Pull-Off spielen. Wir fügen meist auch konstantes Vibrato und Spezialeffekte hinzu.

Wenn man bedenkt, dass es vielerlei Möglichkeiten gibt, eine Note zu benden oder Vibrato hinzuzufügen, dann ist es leicht zu verstehen, warum traditionelle Musik ein wenig hölzern ist, wenn es darum geht, alle Nuancen des Gitarrenspiels zu notieren. Es ist so viel einfacher, die gewünschte Manipulation eines Bendings oder eines Whammy Bar Tricks (Vibrato-Hebel-Trick) einfach in den Tab zu *zeichnen,* als zu versuchen, sie traditionell zu notieren.

Wie du sehen kannst, bietet die TAB Direktheit und Feinheit in der Notation moderner Musik, so dass das Lesen eine *unverzichtbare Fähigkeit* ist, die jeder Gitarrist beherrschen muss.

Dennoch ist es normal, dass die Tabulatur mit traditioneller Notation kombiniert wird, denn es gibt eine Sache, die Tab uns nicht verrät – den Rhythmus. Es ist ja schön und gut, eine Bundnummer auf einer Saite zu sehen, aber wie lange sollte man diese Note nun spielen?

Es ist deshalb üblich, die traditionelle Notation im gleichen *System* wie in der Tab zusammenzustellen. Nicht nur, weil einige Gitarristen lieber Noten als Tab lesen, sondern weil die traditionelle Notation sehr gut beschreibt, wie lange eine Note gespielt werden sollte.

Es gibt zwar einige gute Mischformen von Tabs, die den rhythmischen Aspekt der Standardnotation enthalten, aber es ist weitaus üblicher, dass sowohl Tabs als auch Standardnotation zusammengeschrieben werden. Im Allgemeinen gibt es keine rhythmischen Informationen im Tab-Teil, um ihn klar und leicht lesbar zu halten. Stattdessen ist diese Information in der Standard-Notationszeile enthalten. Zum Beispiel:

Du wirst später in diesem Buch lernen, wie man Rhythmus liest und bist dann voll und ganz darauf vorbereitet, das zu spielen, was dir über den Weg läuft.

Lass uns zunächst einmal loslegen und uns mit den Grundlagen des Tabulaturlesens vertraut machen. Wir beginnen mit einem Blick auf die Linien, Zahlen und rhythmischen Symbole, die uns sagen, wie die Musik klingen soll und wo sie am Gitarrenhals gespielt werden soll.

Hol dir das Audiomaterial

Die Audiodateien zu diesem Buch stehen unter www.fundamental-changes.com zum kostenlosen Download zur Verfügung. Der Link „Audio herunterladen" befindet sich im Menü oben rechts. Klicke auf die Art des gekauften Buches (Gitarre, Bass usw.). Dies führt dich zu einer Formularseite, auf der du den Titel deines Buches aus einer Liste auswählen kannst. Folge den Anweisungen, um das Audiomaterial zu erhalten.

Wir empfehlen dir, die Dateien direkt auf deinen Computer und nicht auf dein Tablet herunterzuladen und sie dann zu extrahieren, bevor du sie zu deiner Medienbibliothek hinzufügst. Du kannst sie dann auf dein Tablet oder iPod legen oder auf CD brennen. Auf der Download-Seite gibt es ein Hilfe-PDF und wir bieten auch technische Unterstützung über das Kontaktformular an.

Hole dir jetzt das Audiomaterial von

www.fundamental-changes.com

Twitter: @guitar_joseph

Über 10.000 Fans auf Facebook: FundamentalChangesInGuitar

Instagram: FundamentalChanges

Kapitel Eins: Die Grundlagen – Linien, Zahlen und Rhythmus

Wie ich in der Einleitung beschrieben habe, sind die Grundlagen des Lesens der Tabs sehr einfach. Das Tabulatur-*Notensystem* enthält sechs Zeilen und jede Zeile repräsentiert eine Gitarrensaite.

Der einfachste Weg, zu erkennen, welche Linie welche Saite ist, ist sich daran zu erinnern, dass die tiefste (Bass-)Saite der Gitarre die unterste geschriebene Zeile des Tabs ist. Wenn du das Buch flach auf einen Tisch legst, ist die dir am nächsten liegende Linie auch die dir am nächsten liegende Saite.

Die Saite der Gitarre mit der höchsten Tonhöhe (hohes E) ist die höchste Linie auf dem Tab. Auf dem Papier ist es die am weitesten von dir entfernte Linie und auch die am weitesten von dir entfernte Saite der Gitarre.

Du kannst nun leicht erkennen, wie sich die Linien zu den Saiten auf der Gitarre verhalten. Häufig siehst du auf der Gitarren-Tab die Notennamen der Saiten, die links neben der Tabulatur geschrieben sind, und das Wort TAB, das auf die Saiten selbst geschrieben ist.

Eine weitere praktische Möglichkeit, sich zu merken, welche Saite welche ist, ist auf das Wort TAB zu schauen und zu sehen, dass das B (für Bass) auf der untersten Zeile und das T (für „Treble") auf der obersten Zeile steht.

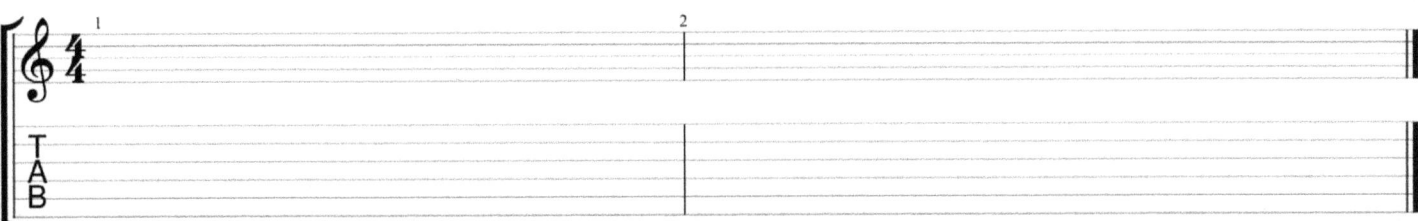

Wie bei der Standardnotation und dem geschriebenen Deutsch lesen wir Musik von links nach rechts.

Um anzugeben, dass ein bestimmter Bund auf einer bestimmten Saite gespielt werden soll, schreiben wir einfach die gewünschte Bundnummer auf die entsprechende Zeile.

Beispiel 1a sagt dir:

Spiele den 3. Bund auf der niedrigsten (sechsten) Saite.

Spiele den 5. Bund auf der höchsten (ersten) Saite.

Spiele den 2. Bund auf der zweiten (B) Saite.

Spiele den 7. Bund auf der vierten (D) Saite.

Spiele das folgende Beispiel durch und höre dir den Backing-Track an, um zu überprüfen, ob du es richtig machst.

Beispiel 1a

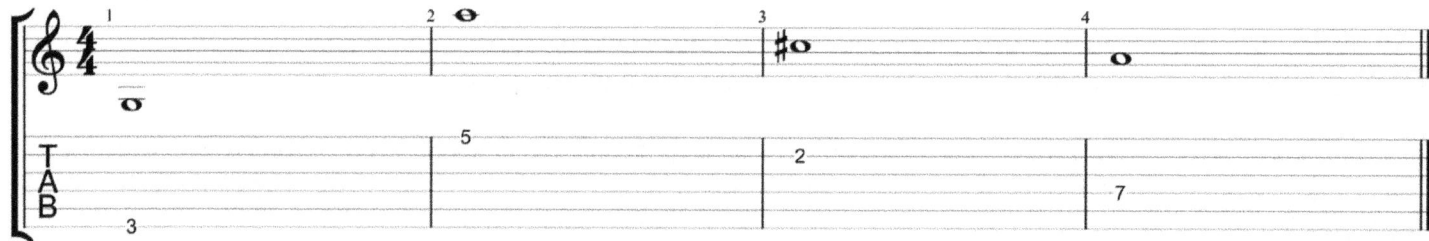

Um anzugeben, dass eine Saite *offen*, also ohne gegriffene Note gespielt werden soll, schreiben wir einfach eine 0 auf die gewünschte Saite.

Beispiel 1b

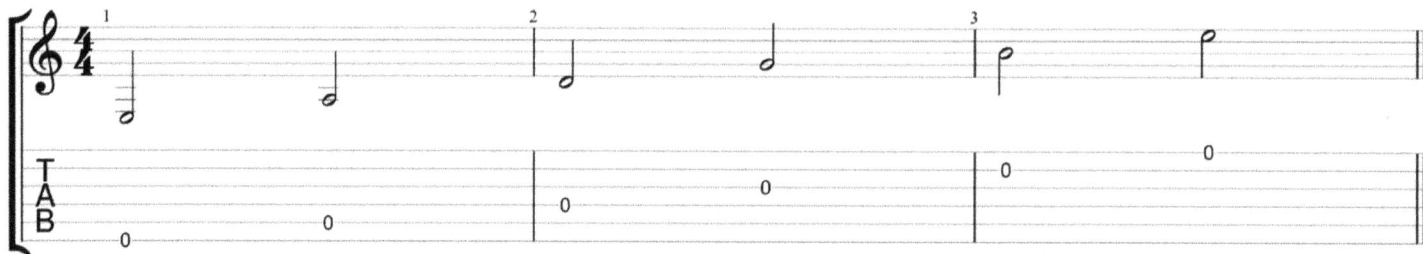

Wenn wir zwei oder mehr Noten auf einmal spielen müssen, werden die Bundnummern vertikal übereinandergestapelt. Denke daran, dass wir von links nach rechts lesen, so dass vertikal geschriebene Noten gleichzeitig gespielt werden. Spiele (Zupfen oder Anschlagen) das folgende Beispiel.

Beispiel 1c

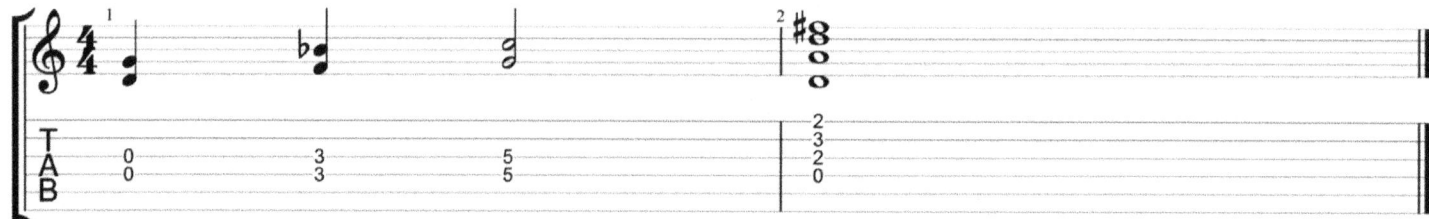

Im vorherigen Beispiel hast du vielleicht den Schlussakkord von D-Dur erkannt. Normalerweise, wenn ein voller Akkord in der Tabulatur notiert wird, fügen wir das Akkorddiagramm und das Symbol darüber hinzu, um die Musik besser lesbar zu machen.

Beispiel 1d

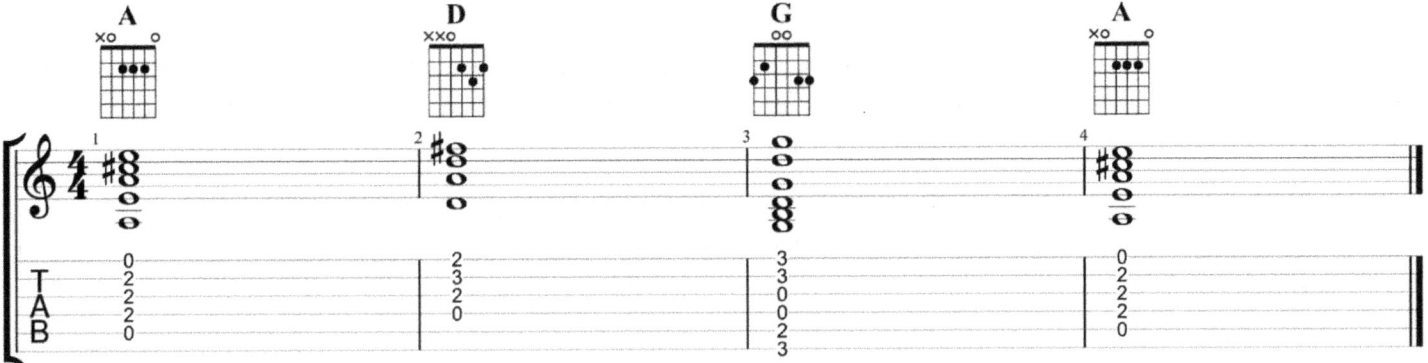

Um dich selbst zu testen, spiele die folgende Melodie auf deiner Gitarre.

Beispiel 1e

Nun ist es auch möglich, eine Note auf der Gitarre zu spielen, die überhaupt keine Tonhöhe hat. Dies wird als „mute" (abgedämpft) bezeichnet und wird normalerweise auf eine von zwei Arten ausgeführt.

Der erste Weg ist, die Saite leicht mit der Griffhand anzudrücken, ohne jedoch die Saite ganz bis zum Bund herunter zu drücken.

Der zweite Weg ist, die Saite abzudämpfen, während du sie mit deiner Griffhand spielst.

Wenn du eine abgedämpfte Note spielst, sollte sie tot und perkussiv klingen. Sie sollte definitiv nicht nachklingen.

Es können sowohl einzelne Noten als auch ganze Akkorde abgedämpft werden.

Wie auch immer du es spielst, eine abgedämpfte Note wird durch ein X auf der Saite anstelle einer Zahl angezeigt.

Beispiel 1f

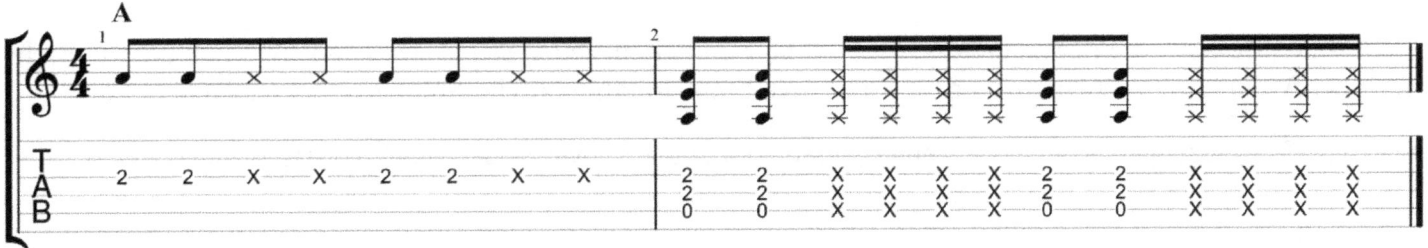

Rhythmus lesen

Einige Leute sind der Meinung, dass die Art und Weise, wie ein Gitarren-Tab mit dem Rhythmus umgeht, nicht die beste Lösung ist. Dem könnte ich nicht mehr widersprechen. Tatsächlich ist ein Tab in Kombination mit traditioneller Musiknotation eine fantastische Möglichkeit, sowohl zu zeigen, wann eine Note gespielt werden soll, als auch wie lange sie dauert.

Rhythmisch gesehen sind die am schwersten zu lesenden Tabs, welche beispielsweise online unter www.ultimate-guitar.com zu finden sind. Mit diesen Tabs im „ASCII"-Stil wird der Rhythmus durch den Abstand der Noten auf den Linien angezeigt. Es wird keine tatsächliche Rhythmusnotation angegeben.

```
e|-------------------------------------------1--3--|
B|-------------------------------------1--3--4-----|
G|-------------------------------0--2--3-----------|
D|-------------------0--1--3-----------------------|
A|-----0--1--3-------------------------------------|
E|--3----------------------------------------------|
```

Dies Art von Rhythmus funktioniert zwar, wenn der Rhythmus relativ einfach ist, aber alles, was komplizierter ist als einfache 1/8- oder 1/16-Noten, kann schwer zu entschlüsseln sein.

Eine Weiterentwicklung der Tabulatur kombiniert die Rhythmusnotation mit der Tabulatur in einem Notensystem. Rhythmuswerte werden oberhalb der Tabulatorzeile hinzugefügt und solange du verstehst, wie Rhythmen auf der Gitarre geschrieben werden, wirst du wissen, wann du jede Note spielen musst.

Vielleicht siehst du etwas wie im Beispiel unten. Mache dir keine Sorgen! Du musst das nicht spielen.... noch nicht!

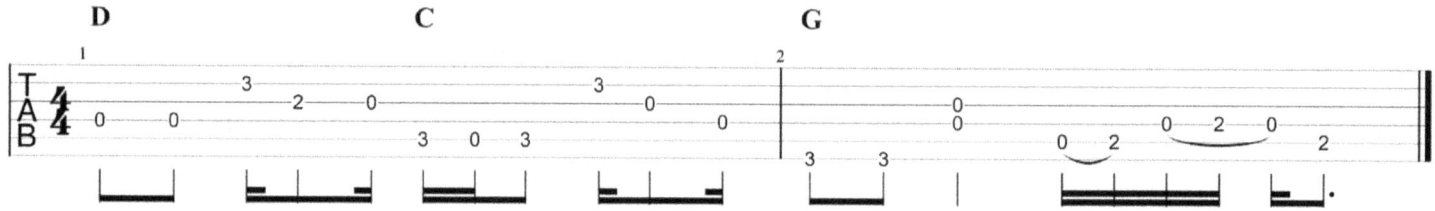

Schauen wir uns kurz an, wie man Rhythmusnotation liest, damit du gut vorbereitet bist, wenn du es in der freien Wildbahn siehst.

In der geschriebenen Musik wird der Rhythmus in *Takte* zerlegt, die *Schläge (Beats)* enthalten.

Takte sind „Boxen", die normalerweise vier Schläge enthalten. Jeder Schlag wird in Rhythmen unterteilt, die nach der Art und Weise benannt sind, wie sie einen Standardtakt von vier Schlägen unterteilen.

Spezielle Markierungen werden verwendet, um dir mitzuteilen, wie lange eine Note dauern soll.

Zum Beispiel:

- Eine ganze Note füllt einen ganzen Takt aus.
- Eine 1/2-Note füllt den halben Takt aus (es gibt zwei halbe Noten in einem Takt).
- Es gibt vier 1/4-Noten in einem Takt.
- Es gibt acht 1/8-Noten in einem Takt.
- Es gibt sechzehn 1/16-Noten in einem Takt.

Diese Noten werden wie folgt geschrieben:

Unterhalb jeder Note habe ich den entsprechenden *Pausenwert* angezeigt. Eine Pause dauert genauso lange wie eine Note, die eine Tonhöhe hat, zeigt jedoch an, dass für die zugeteilte Zeit Stille herrschen sollte.

Beachte, dass 1/8tel und 1/16tel Noten *Fähnchen* haben, die sie miteinander verbinden. 1/8tel Noten haben ein Fähnchen und 1/16tel Noten haben zwei Fähnchen. Jedes Mal, wenn du ein Fähnchen hinzufügst, halbiert sich die Länge jeder Note, so dass eine 1/32tel Note drei Fähnchen hätte.

Jedes Musikstück beginnt mit einer Taktart, die dir sagt, wie viele Schläge es in einem Takt gibt. Die gebräuchlichste Taktart in der Musik ist 4/4, was dir sagt, dass es in jedem Takt vier 1/4tel Noten gibt. (Wir werden uns die rhythmischen Werte in einer Minute ansehen).

Andere gebräuchliche Taktarten sind 3/4 (drei 1/4tel-Noten-Schläge in einem Takt) und 12/8 (zwölf 1/8tel-Noten in einem Takt, angeordnet 1 2 3 1 2 3 1 2 3 1 2 3). 12/8 ist die Taktart der meisten Blues-Melodien.

In Großbritannien gibt es ein anderes System zur Benennung von Notenlängen:

Eine ganze Note = eine Semibreve

Eine 1/2 Note = eine Minim

Eine 1/4 Note = eine Crotchet

Eine 1/8 Note = eine Quaver

Eine 1/16. Note = eine Semiquaver

Dies mag für den Rest der Welt seltsam erscheinen, aber unser System hat einen großen Vorteil gegenüber dem internationalen System: Die metrischen Notennamen des US-Systems basieren alle auf der Annahme, dass es in jedem Takt vier Schläge gibt.

Allerdings wird Musik nicht immer im 4/4-Takt (vier Schläge pro Takt) geschrieben - man kann einen 3/4-Takt, 6/8-Takt oder sogar 17/16-Takt haben. Außer in einem 4/4-Takt gibt es keine vier 1/4 Noten im Takt.

Das US-System funktioniert jedoch sehr gut, wenn wir diese pedantische Tatsache ignorieren. Es ist modern, logisch, leichter zu merken und beinhaltet kein Lernen kurioser englischer Wörter!

Wenn 1/8-Töne und 1/16-Töne kombiniert werden, verbinden wir ihre Notenhälse miteinander. Spiele oder klatsche die folgenden Rhythmen durch.

Beispiel 1g

Noten-Gruppierungen

1/8- und 1/16-Noten können in jeder mathematischen Kombination gruppiert werden, solange wir insgesamt vier 1/16-Noten in einem Takt nicht überschreiten. Sie können auf folgende Weise gruppiert werden.

Beispiel 1h

Bewege deinen Fuß zu einem Metronom und lerne, den Klang und die Wirkung dieser Rhythmen zu erkennen und *zu fühlen*.

Jede der Noten in den obigen Beispielen kann durch einen entsprechenden Restwert ersetzt werden.

Gebundene Rhythmen

Es ist möglich, zwei Noten miteinander zu *verbinden*. Wenn du eine gebundene Note siehst, spielst du die zweite Note in der Gruppierung nicht. Die erste Note wird für den Wert der zweiten Note zusätzlich zu ihrer eigenen gehalten.

In der geschriebenen Musik ist es üblich, zur besseren Lesbarkeit immer einen Abstand zwischen den Schlägen zwei und drei zu lassen. Zum Beispiel solltest du dies nicht wirklich sehen (obwohl du es gelegentlich sehen wirst):

Der obige Rhythmus sollte eigentlich so geschrieben werden:

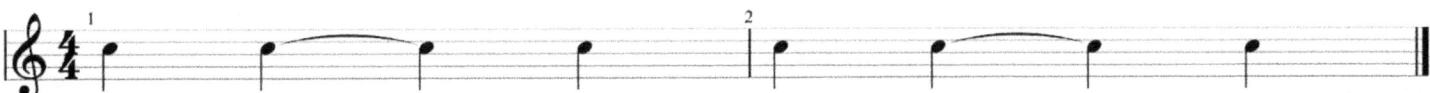

Die beiden vorhergehenden Beispiele klingen identisch, aber das zweite Beispiel ist korrekt geschrieben, da es eine Verbindung schafft, die deutlich zeigt, wo die Mitte des Taktes liegt.

Wenn wir die Lücke zwischen einem Schlag und einem anderen zeigen können, dann ist es normalerweise leichter zu lesen. Ich würde es vorziehen, dies zu sehen....

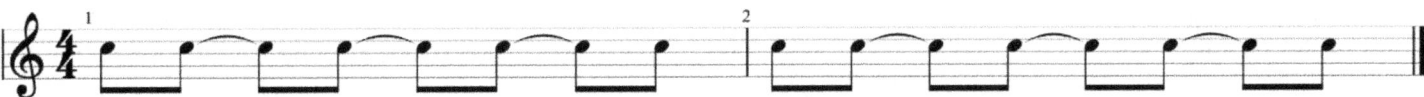

...und nicht so....

Beispiel 1i

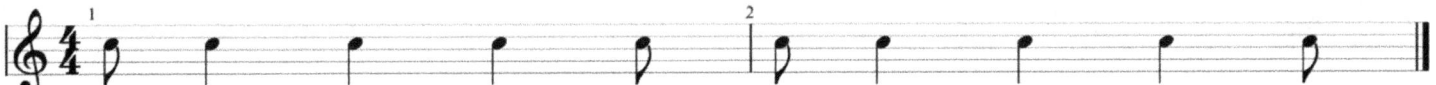

...denn wieder einmal werden die Lücken zwischen den Schlägen gezeigt. Dies ist eine Frage der persönlichen Vorliebe und die in der zweiten Zeile angegebene Schreibweise wird häufig verwendet.

Versuche, dieses Beispiel durchzuklatschen, das gebundene 1/16-Noten verwendet.

Beispiel 1j

Punktierte Rhythmen

Du wirst oft einen kleinen Punkt sehen, der nach einer Note geschrieben wird. Der Punkt ist eine rhythmische Anweisung, nochmals die *Hälfte des Notenwertes hinzuzufügen*.

Wenn wir zum Beispiel eine Note haben, die 2 Schläge dauert, und wir fügen wieder die Hälfte des ursprünglichen Notenwertes hinzu (Hälfte von 2 = 1), erhalten wir am Ende eine Note, die 3 Schläge dauert.

In jedem der obigen Beispiele kannst du sehen, wie sich das Hinzufügen eines Punktes zu einem Notenwert auf dessen Länge auswirkt. Im zweiten Takt jeder Zeile kannst du sehen, wie das Hinzufügen eines Punktes mathematisch gesehen dasselbe ist wie das Verlängern der ursprünglichen Note um die Hälfte ihres Wertes.

Normalerweise führt die Note nach der punktierten Note dazu, dass sich die punktierte Note zu einer ganzen Anzahl von Schlägen addiert. Zum Beispiel:

Beispiel 1k

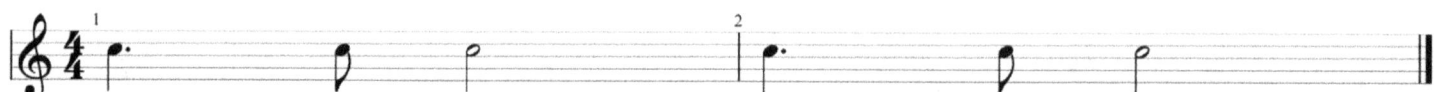

Triolen

Eine Triole besteht einfach aus drei Noten, die gleichmäßig in den Raum von zwei Noten gequetscht werden. Sie werden in einer Gruppe mit der Zahl „3" darüber geschrieben.

Wenn man 1/8-Triolen lernt, kann es hilfreich sein, im Takt des Metronoms laut „trip-er-let trip-er-let" zu sagen. Achte darauf, dass jedes „Trip" exakt mit dem Klick des Metronoms zusammenfällt. Die obere Zeile in jedem Beispiel zeigt die Triole; die untere Zeile dient nur als Referenz und zeigt, wo der ursprüngliche Notenwert liegt.

Ich könnte ein ganzes Buch über Rhythmen für die Gitarre schreiben (schau dir mein Buch *Sight Reading für Gitarre* an, von dem ich diese Beispiele gestohlen habe), aber es ist ein Fass ohne Boden und wir haben die meisten Rhythmen abgedeckt, denen du beim modernen Gitarrenspiel begegnen wirst.

Also, wie sieht das alles in der Tabulatur aus?

Wenn die Rhythmusnotation mit der Tabulatur zu einem *System* (Linie) kombiniert wird, werden die Notenköpfe entfernt und die verbleibenden Notenhälse schweben über jeder Note in der Tabulatur.

Hier ist zum Beispiel ein einfaches Beispiel, das 1/4-, 1/8- und 1/16-Noten kombiniert.

Beispiel 1l

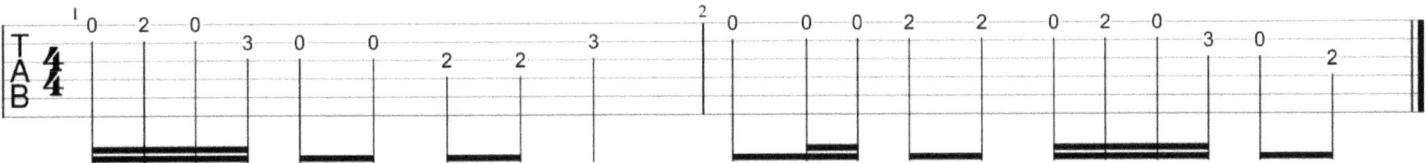

Hier ist ein etwas komplexeres Beispiel, das eine Triole und eine punktierte Note einführt.

Beispiel 1m

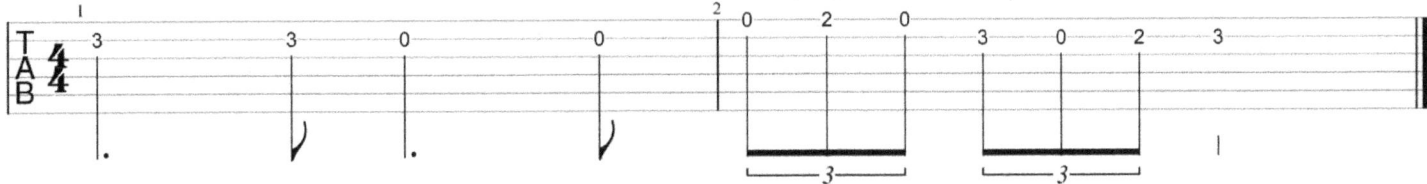

Die Kombination von Tabulator und Notation in einer einzigen Zeile ist sicherlich eine gute Möglichkeit, Platz zu sparen und zeigt deutlich die rhythmische Phrasierung jeder Note. Das ist sicherlich ein Fortschritt gegenüber der zuvor gezeigten Tabulatur im ASCII-Stil.

In Fachzeitschriften siehst du jedoch normalerweise sowohl die Tabulatur *als auch* die traditionelle Notation in einer Zeile zusammengefügt. In diesem Fall sind alle rhythmischen Informationen nur im oberen Notationsteil enthalten.

Auch wenn es seltsam erscheinen mag, sich auf zwei Musikzeilen zu konzentrieren, ist dies eigentlich ein weitaus besseres System als das kombinierte Tab + Rhythmus-System.

Erstens spricht dieses System Gitarristen an, die keine Tabulatur lesen, aber was noch wichtiger ist, es ermöglicht uns, der Partitur viel mehr Informationen sauber hinzuzufügen. Diese Informationen können Dinge wie das Picking mit der rechten Hand, den Fingersatz der linken Hand, Tempo, Vortragsanweisungen und Positionsangaben beinhalten.

Hier ist ein kurzes Beispiel der kombinierten Partitur für Gitarristen. Beachte, dass der Rhythmus im Notationsteil enthalten ist und der Tabulatorteil „sauber" ist. Der rhythmische Abstand der Noten im Tabulaturteil stimmt direkt mit dem rhythmischen Abstand der Notation überein.

Beispiel 1n

Jetzt, da du die Grundlagen des Lesens von Gitarrentabulaturen und Rhythmus beherrschst, lass uns mit einigen der speziellen Techniken vertraut machen, die Gitarristen verwenden, um ausdrucksstarke Musik zu schaffen. Wir beginnen mit einer der ausdrucksstärksten Techniken auf der Gitarre – dem Bending.

Kapitel zwei: Bendings

Eine der häufigsten und einzigartigsten Techniken, die von Gitarristen verwendet werden, ist das Bending (Saitenziehen). Bending ist eine großartige Möglichkeit, die Tonhöhe sanft zwischen einer tiefen und einer höheren Note zu ändern. Um das Bending auszuführen, musst du die Saite physisch in der Tonhöhe nach oben benden, indem du sie auf dem Griffbrett nach oben drückst.

Der Betrag, um den du die Note ziehst, kann von weniger als einem Halbton bis hin zu zwei oder mehr Tönen reichen. Je weiter du die Saite ziehst, desto höher wird die Tonhöhe.

In dem Tab wird ein Bending durch eine gekrümmte Linie mit einem Pfeil dargestellt. Im folgenden Beispiel wird die Note auf dem 7. Bund der dritten Saite (D) um einen Ton nach oben gezogen, bis sie genau wie die Note auf dem 9. Bund (E) klingt.

Das Wort „full" steht über dem Bend, um anzuzeigen, dass die Note um einen vollen Ton angehoben werden soll.

Beispiel 2a

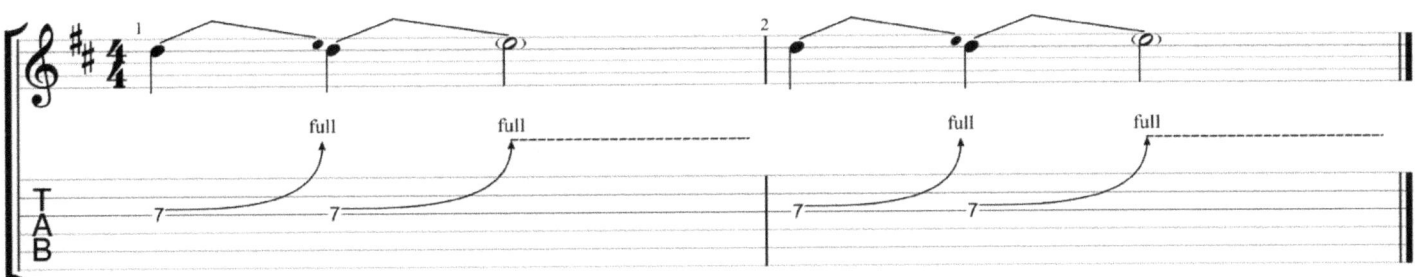

Am einfachsten lernt man das Bending, indem man die Note mit dem dritten Finger greift und sie mit dem ersten und zweiten Finger auf der Saite dahinter unterstützt, um zusätzliche Kraft und Kontrolle zu erhalten. Das Auflegen von drei Fingern auf die Saite wirkt viel stärker als das Auflegen nur eines Fingers.

Der Abstand, den du benötigst, um die Note zu ziehen, ist immer über dem Pfeil angegeben. Andere übliche Abstände sind ein 1/2-Ton (Halbton):

Beispiel 2b

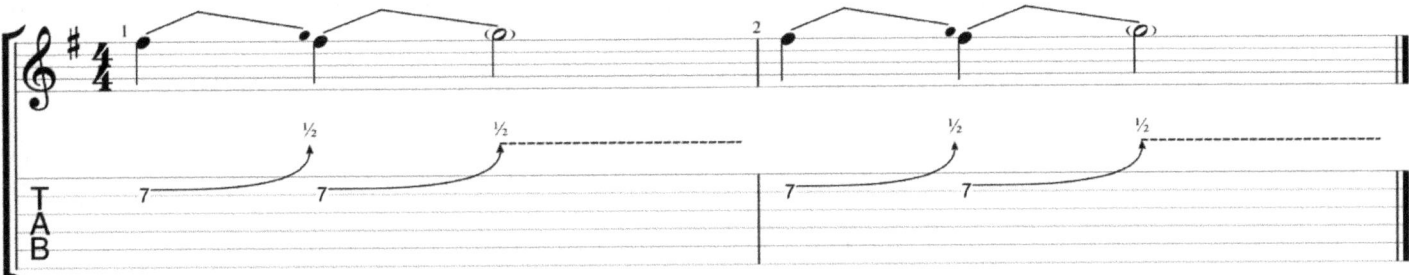

Eineinhalb Töne:

Beispiel 2c

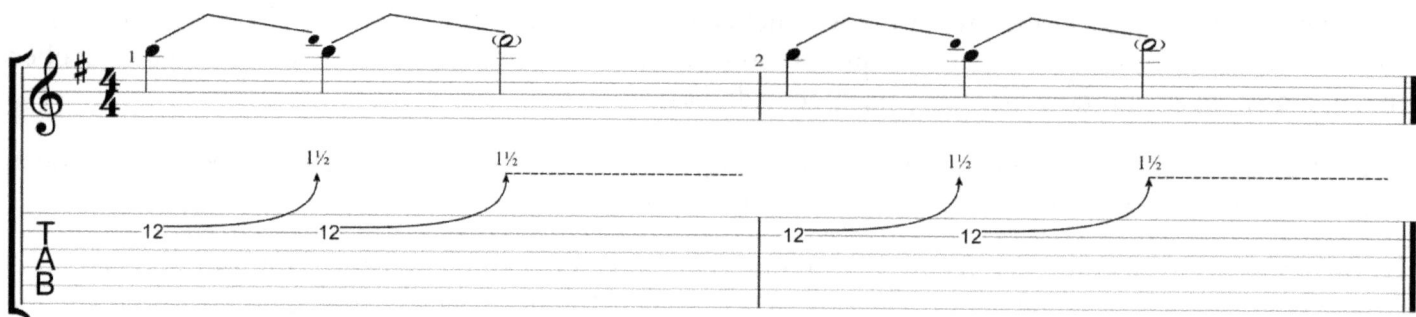

Oder vielleicht sogar ein 1/4-Ton. Dies wird als Curl bezeichnet.

Beispiel 2d

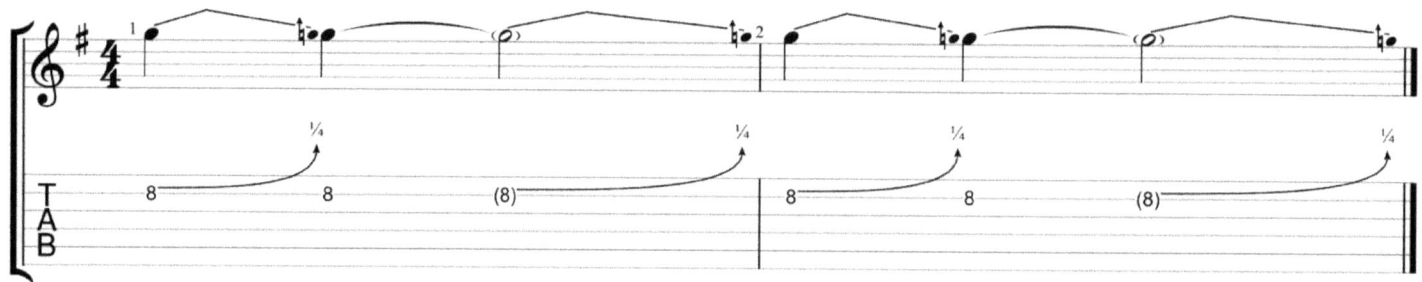

Du kannst ein Bending auf verschiedene Weise beenden. Bisher habe ich aufsteigende Bendings notiert und du hörst nicht, wie sie auf die ursprüngliche Note zurückgehen. Wenn das Bending gehalten werden soll, während du deine Finger wieder auf die ursprüngliche Tonhöhe zurückbewegst, wird ein weiterer Pfeil hinzugefügt, um das anzuzeigen.

Beispiel 2e

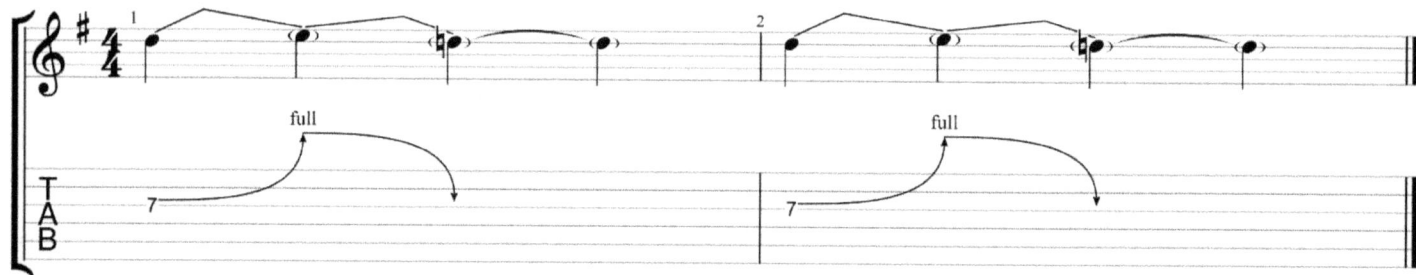

Gebendete Noten können unbegrenzt gehalten werden. Dieses Bending dauert einen ganzen Takt lang.

Beispiel 2f

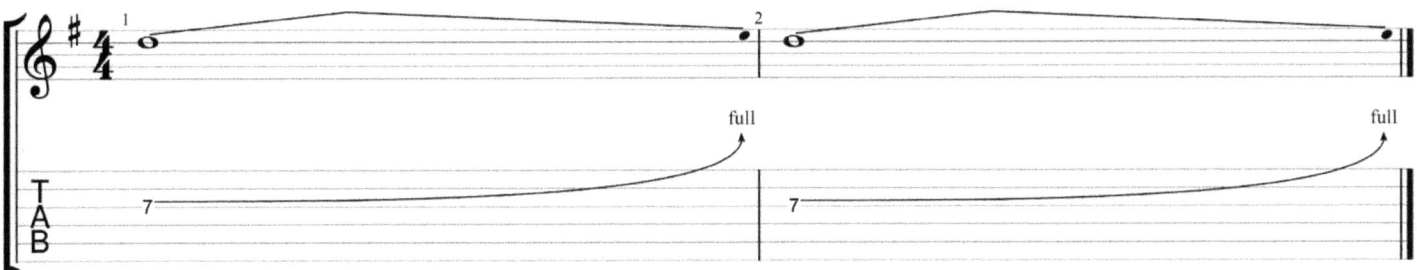

Es ist auch wichtig zu wissen, dass du die Zeit kontrollieren kannst, die benötigt wird, um die gewünschte Tonhöhe zu erreichen. Du kannst die Startnote sehr schnell, sehr langsam oder irgendwo dazwischen auf die gewünschte Tonhöhe ziehen.

Im folgenden Beispiel wird die Note D (7. Bund auf der 3. Saite) dreimal bis zum E gezogen. Beim ersten Mal wird die Tonhöhe sofort erreicht. Dann wird die Note langsamer nach oben gezogen und benötigt zwei Schläge, um ihre Zieltonhöhe zu erreichen. Schließlich wird die Note sehr langsam gezogen und benötigt vier Schläge, um ihr Ziel zu erreichen.

Wie du vielleicht erwartet hast, zeigt der Tab diese Nuancen mit der Form der Ziehlinien.

Beispiel 2g

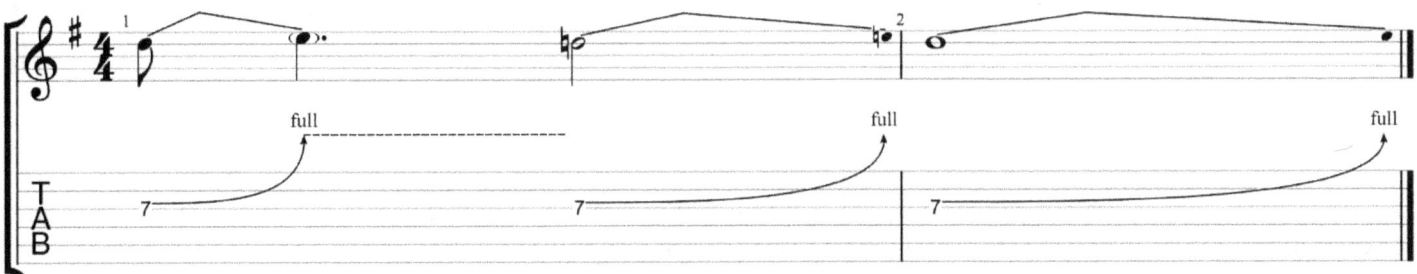

Eine der einzigartigen Eigenschaften der Gitarre ist, dass man die Tonhöhe einer Note mehr als einmal manipulieren kann, nachdem man sie gespielt hat. Das folgende Beispiel beginnt auf der Note B mit einem großen, Eineinhalb-Ton-Bending, die zur ursprünglichen Tonhöhe zurückkehrt, bevor sie um einen ganzen Ton nach oben gezogen wird und schließlich zur Ausgangsnote zurückkehrt.

Beispiel 2h

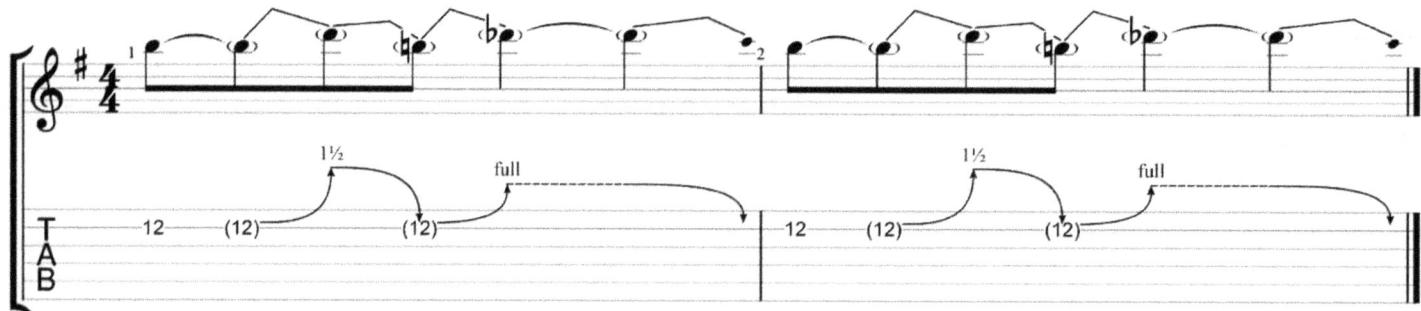

Während das vorherige Beispiel mit nur einem Anschlag (Pick) ausgeführt wurde, ist es möglich, während des Bendings die Saite wiederholt anzuschlagen. Im nächsten Beispiel ziehe ich wieder eineinhalb Töne nach oben, aber diesmal schlage ich die Saite wiederholt an, während ich die Note langsam an ihren Ausgangspunkt zurückbringe.

Beispiel 2i

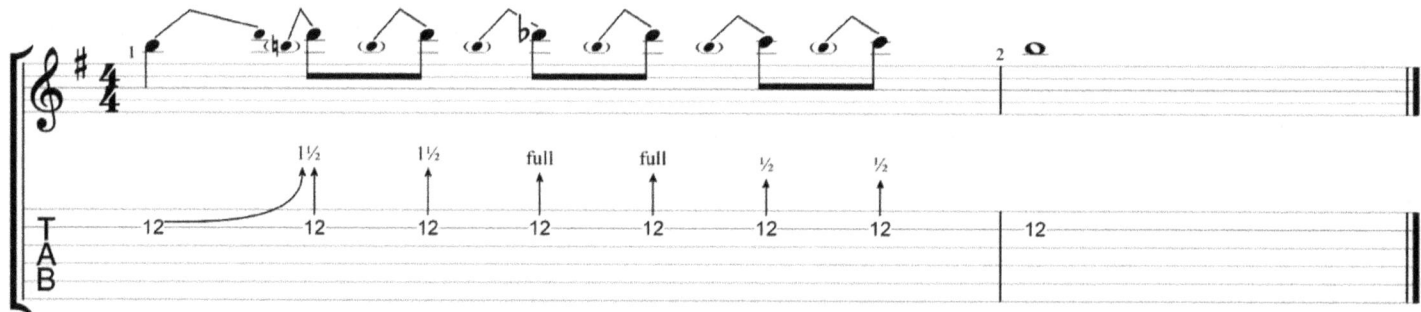

Es ist möglich, eine Note auf einer Saite zu benden und zu halten, während du eine andere Note auf einer höheren Saite spielst, wie der folgende kurze Country-Lick zeigt.

Beispiel 2j

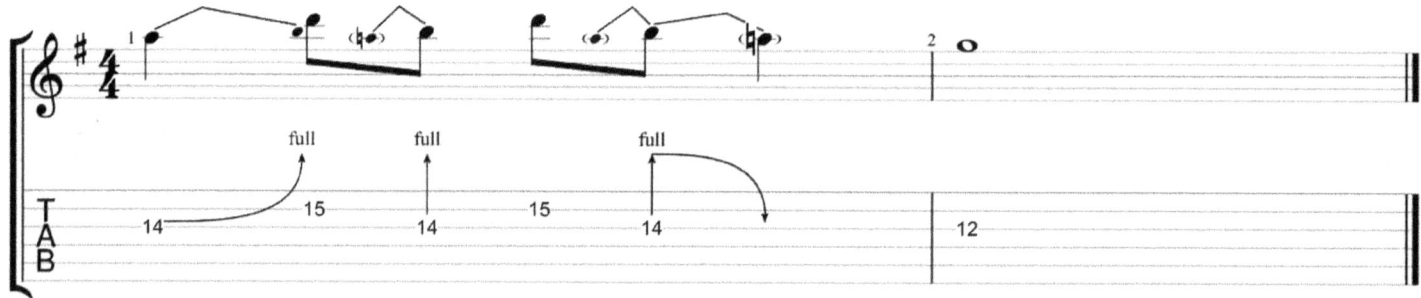

Schließlich ist eine wichtige Technik, die man kennen sollte, das *Pre-Bending*. Wenn du ein Pre-Bending durchführst, musst du die Saite bis zur gewünschten Tonhöhe ziehen, *bevor du* die Note anschlägst. Offensichtlich ist das eine ziemliche Herausforderung, da du keinen hörbaren Bezug hast. Es gibt verschiedene Übungen, mit denen du deine Fähigkeiten auf diesem Gebiet verbessern kannst, und ich habe sie in meinem Buch. *Moderne Technik für E-Gitarre* beschrieben.

Der Abstand, den du vor dem Bending einhalten solltest, steht über dem Pfeil. Das folgende Beispiel zeigt das Tabulatursymbol für ein Pre-Bending und du solltest die Note um einen Ganzton ziehen, bevor du sie anschlägst.

Beispiel 2k

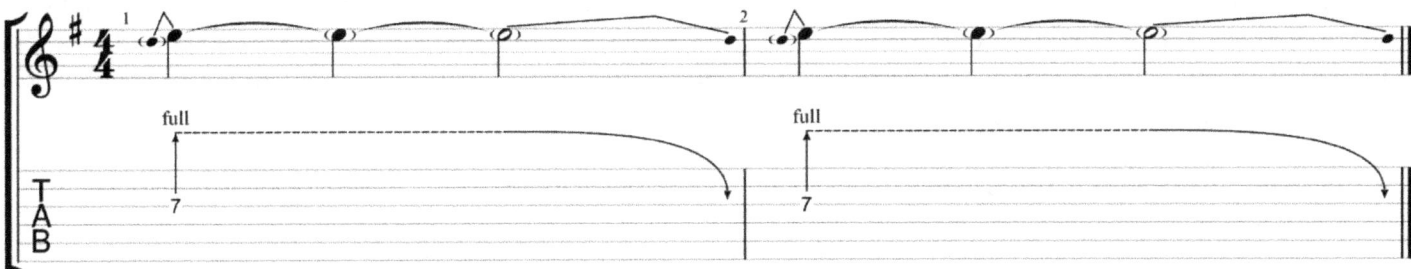

Wie du sehen kannst, gibt es viele Möglichkeiten des Saitenbendings, aber die Informationen in diesem Kapitel sollten dich dafür wappnen, jede Tabulatur zu lesen und zu verstehen, auf die du auf deinem Weg als Musiker stößt.

Vibrato

Vibrato ist eine der ausdrucksstärksten Techniken in der Musik und sollte ein wesentlicher Bestandteil deines Vokabulars sein. Vibrato entsteht durch eine Reihe von minimalem Bendings, nachdem ein Ton angeschlagen wurde. Je weiter du die Saite ziehst, desto *breiter* wird das Vibrato. Je schneller du die Saite ziehst, desto *schneller* wird das Vibrato sein.

Vibrato kann jede Kombination aus langsam, schnell, breit oder *schmal* sein und ist eine unglaublich persönliche Technik für einen Musiker. Wenn du Musik lernst, die von anderen Leuten gespielt wird, wirst du oft das Vibrato des Gitarristen kopieren wollen, aber wenn du selbst improvisierst, solltest du dein eigenes Vibrato durchscheinen lassen.

In Tabulatur- und Standardnotation wird das Vibrato durch eine horizontale Wellenlinie nach der Note dargestellt. Eine breite, schwere Linie zeigt ein breites Vibrato und eine schmale Linie ein schmales Vibrato. Höre dir das Audiobeispiel an und schaue dir den Tab an. Beachte, wie sich das Vibrato in den folgenden beiden Noten unterscheidet.

Beispiel 21

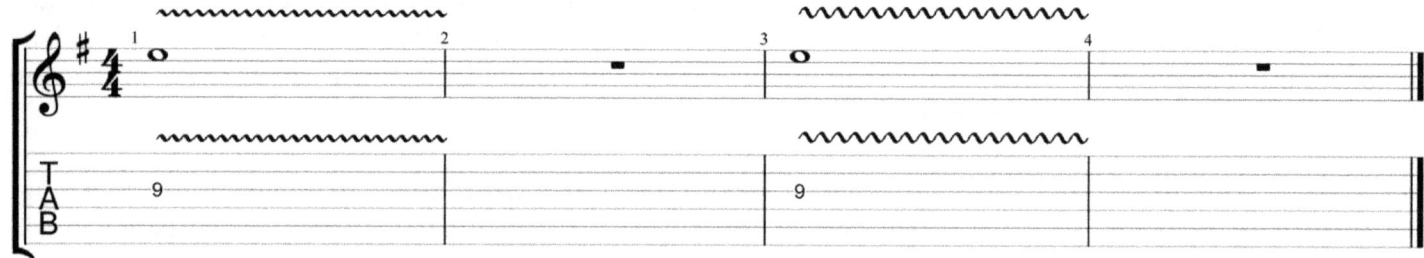

Eine Sache, die es in der Musik zu beachten gilt, ist die Verzögerung, bevor einer Note ein Vibrato hinzugefügt wird. Manchmal wird das Vibrato unmittelbar nach dem Anschlagen der Note hinzugefügt, manchmal wird die Note einige Schläge lang gehalten, bevor das Vibrato eingeführt wird. Einige Autoren zeigen dies, indem sie vor dem Hinzufügen der Vibratozeile einen Zwischenraum lassen.

Kapitel Drei: Picking

Rechtshändige Gitarristen spielen die Gitarrensaiten mit der rechten Hand. Die meisten E-Gitarristen benutzen einen *Pick* (oder *Plektrum*), um die Saiten zu spielen, und es gibt einige wichtige Zeichen, die du kennen musst.

Es gibt nur zwei Richtungen, in die wir die Saite mit dem Pick anschlagen können: Nach unten und nach oben.

Das Symbol für einen Anschlag von oben nach unten (downstroke) sieht ein wenig aus wie der kleine Buchstabe „n".

Beispiel 3a

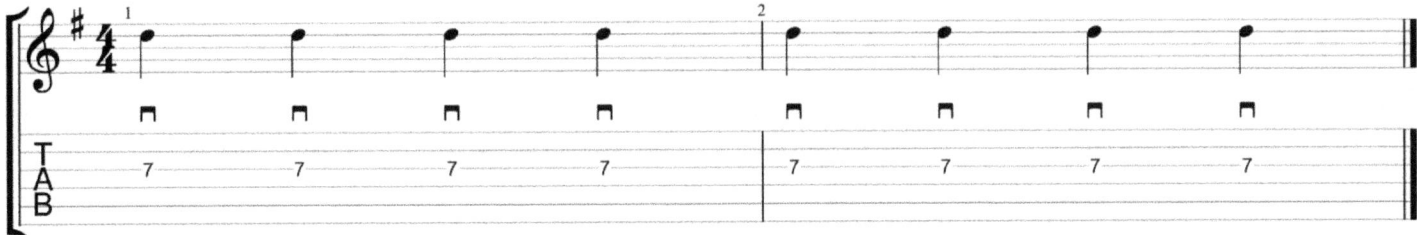

Das Symbol für einen Anschlag von unten nach oben (upstroke) sieht aus wie der Buchstabe „v".

Beispiel 3b

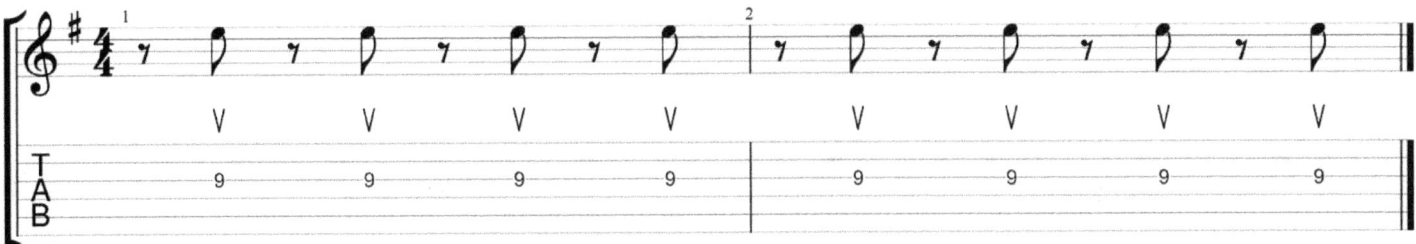

Anfänger sind oft verwirrt, warum das nach unten gerichtete V den Aufschlag bedeutet. Nun, schau dir an, in welche Richtung das V in Bezug auf die Tabulatur zeigt. Es zeigt auf die Basssaite der Gitarre, die gleiche Richtung, in die sich dein Pick bewegen muss, um einen Aufschlag auszuführen.

Übrigens ist die Auf- und Abschlag-Notation eigentlich der Geigenmusik entlehnt und dient dazu, um Geigern die Richtung anzugeben, in die sie ihre Noten streichen sollen. Das quadratische „n" sieht aus wie der *Frosch* (das quadratische Ende) des Bogens und das „v" sieht aus wie das spitze Ende des Bogens.

Auf- und Abschläge werden oft notiert, um dir zu helfen, einen Rhythmus auf der Gitarre richtig auszuwählen, da Gitarristen oft Muster von Auf- und Abschlägen verwenden, um einen Rhythmus im Takt zu spielen.

Zum Beispiel würde dieser Rhythmus normalerweise „ab ab auf" gespielt.

Beispiel 3c

Während der folgende Rhythmus „ab auf auf" gespielt wird.

Beispiel 3d

Lange Picking-Muster kommen sowohl im Funk als auch im Rock regelmäßig vor, und das Geheimnis, sie zu beherrschen, besteht darin, sie zu isolieren und sie Schlag für Schlag zu lernen.

Beispiel 3e

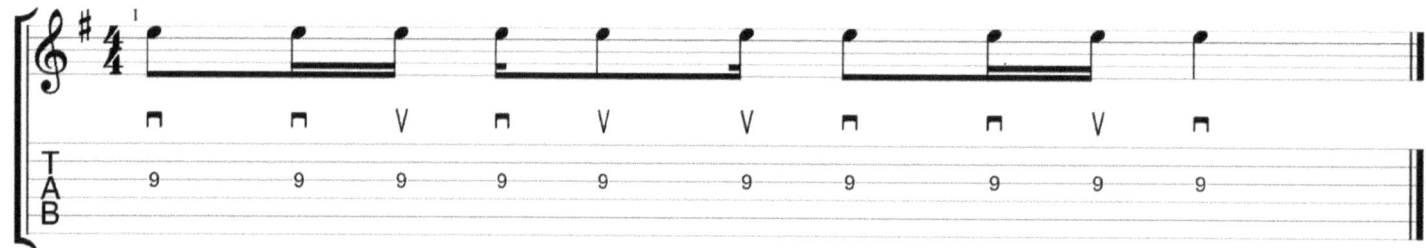

Anschläge

Schlagrichtungen auf der Gitarre werden nicht unbedingt im Tab-Teil notiert, aber eine gute Regel ist, dass beim Spielen von Akkorden in Pop und Rock jeder Akkord, der auf den Beat fällt, mit einem Abschlag gespielt wird. Jeder Akkord, der auf dem *Off-Beat* (zwischen den Beats) gespielt wird, wird mit einem Aufschlag gespielt.

So würde eine Sequenz von 1/4-Noten-Akkord mit Abschlägen gespielt werden.

NB: In den folgenden Beispielen habe ich Schlagrichtungen verwendet, um die Richtung der Anschläge anzuzeigen, aber in einfacher Musik wie dieser werden sie wahrscheinlich nicht angegeben.

Beispiel 3f

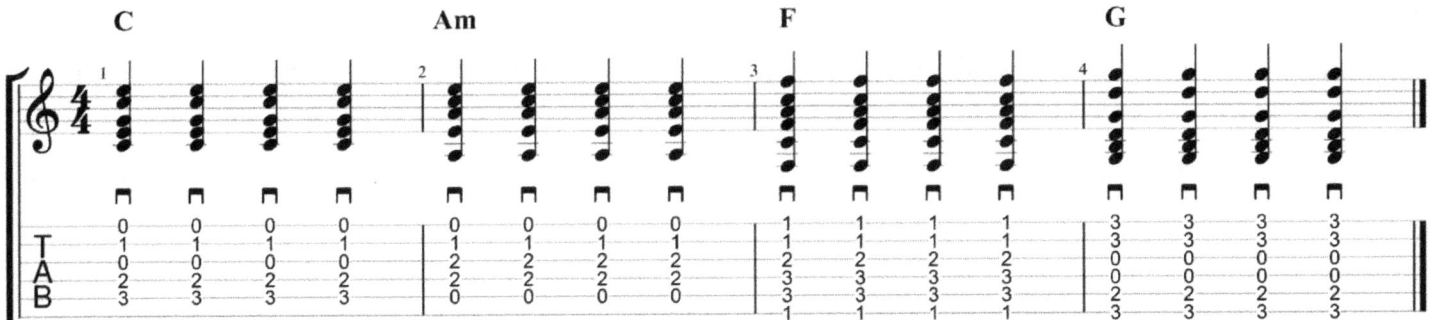

Eine Reihe von 1/8-Noten-Anschlägen würde sowohl mit Ab- als auch mit Aufschlägen gespielt.

Beispiel 3g

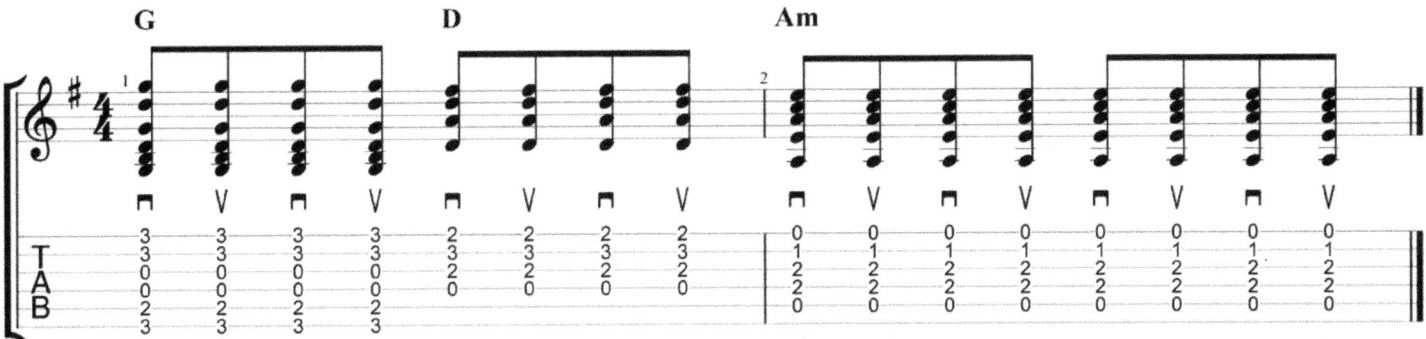

Eine Kombination aus 1/4- und 1/8-Noten-Rhythmen sollte aus „Einheiten" der beiden vorangegangenen Schlagideen konstruiert werden.

Du musst kein Plektrum benutzen, um die Saite anzuschlagen, du kannst auch deine Finger nehmen. Als Rechtshänder benutzt du die Finger der rechten Hand, um die Saiten zu spielen, während du Noten mit der linken Hand greifst.

Jeder Finger der rechten Hand erhält einen Namen, der dann abgekürzt und auf der Standard-Notenlinie angezeigt wird, um zu zeigen, mit welchen Fingern man spielen soll. Wie bei vielen Dingen bezüglich der Gitarre sind die Namen der Finger aus dem spanischen Original übernommen.

Daumen (**P**ulgar)

Zeigefinger (**I**ndice)

Mittelfinger (**M**edio)

Ringfinger (**A**nular)

Der kleine Finger (pinkie) wird selten beim Fingerpicking verwendet.

Je nach Musikstil, den du spielst, wird der Daumen auf eine von zwei Arten verwendet.

In der klassischen Musik kümmert sich der Daumen normalerweise um jede Note, die auf den unteren drei Saiten gespielt wird.

Die folgende Akkordfolge verwendet den Daumen und drei Finger der der Schlaghand im klassischen Stil. Der Daumen spielt die Bassnote und die Finger arpeggieren durch die höheren Töne des Akkords.

Beachte, wie die Buchstabenbezeichnungen für jeden Finger im Notationsteil, nicht aber im Tabulaturteil geschrieben werden.

Beispiel 3h

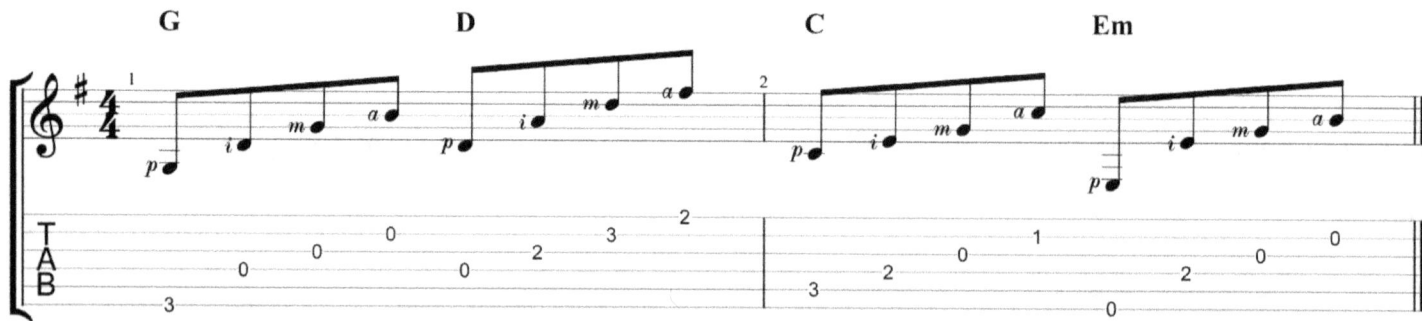

In der frühen Blues-, Country- und Folkmusik spielt der Daumen oft einen Wechselschlag. Nachfolgend findest du zwei gängige Muster. Das erste bewegt sich zwischen der sechsten und vierten Saite, während die freien Picking-Finger eine Melodie oder einen Akkord spielen.

Wirf einen kurzen Blick auf den Notationsteil. Siehst du, wie jeder der Daumen-Anschläge einen nach unten gerichteten Notenhals hat, während die gezupften Töne nach oben gerichtete Notenhälse haben? Dies erleichtert die Entzifferung der Musik.

Beispiel 3i

Im zweiten üblichen Muster fügt der Daumen eine Note auf der fünften Saite hinzu und bewegt sich zwischen der sechsten, vierten, fünften und vierten Saite.

Beispiel 3j

Spezialeffekte beim Picking

Wenn wir gerade beim Thema Picking sind, scheint dies ein guter Zeitpunkt zu sein, um einige gängige und weniger gängige Techniken vorzustellen, die entweder mit dem Pick oder den Fingern ausgeführt werden können.

Der erste ist das *Rake* („Harke"). In seiner einfachsten Form ist ein Rake nur ein langsames Anschlagen eines Akkords. In der Tabulatur wird es durch eine dünne Wellenlinie dargestellt. Ein Rake kann entweder aufsteigend oder absteigend gespielt werden. Dies wird durch einen Pfeil angezeigt, der in Richtung des Anschlags zeigt. Die Idee ist, den Akkord etwas langsamer als normal zu spielen, so dass du jede Note im Akkord hören kannst.

Beispiel 3k

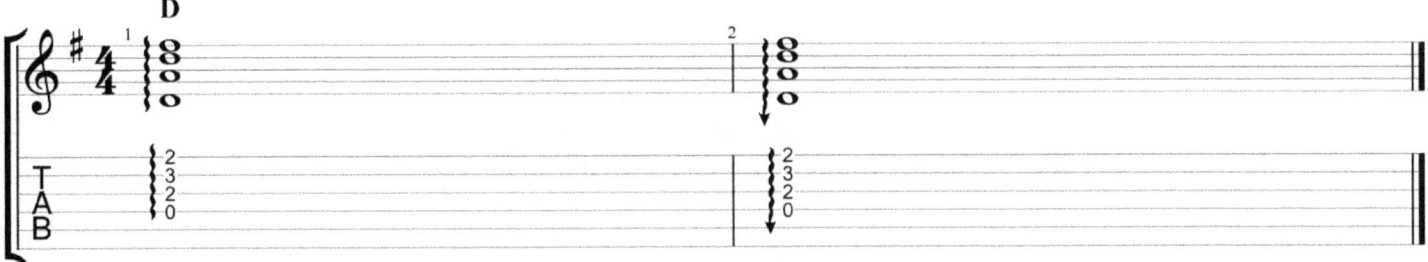

Eine weitere Art von Rake ist das *abgedämpfte Rake*. Dies ist eher eine Lead-Gitarrentechnik, und normalerweise erklingt die letzte Note des Rakes, nachdem die vorhergehenden Rake-Noten von der Picking-Hand abgedämpft wurden. Zwar kann diese Technik ausgeführt werden während eine Akkordform gegriffen wird, es ist jedoch üblicher, ein Arpeggio mit einer Note auf jeder Saite sozusagen „durchzuharken".

Beispiel 3l

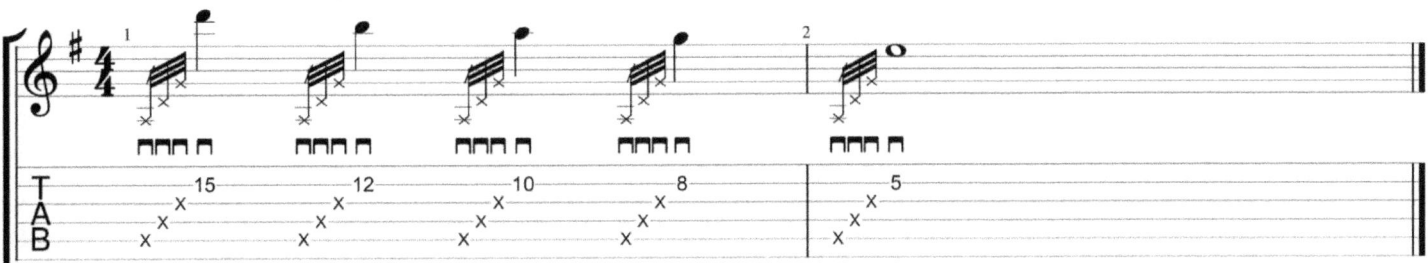

Sweep Picking ist eine Technik, die einem Rake ähnelt und bei der einzelne Noten auf benachbarten Saiten in einer sanften, schlagähnlichen Bewegung gespielt werden. Im Gegensatz zu einem „raked" Akkord sollten die Töne nicht ineinander klingen.

Obwohl es keine spezifische Notation für einen Sweep gibt, wird der Hinweis in der Schlagrichtung geschrieben. Wenn du eine Reihe von Noten siehst (Eine-Note-pro-Saite), und alle Pickings (Anschläge) in eine Richtung gehen, ist es wahrscheinlich ein Sweep. Das folgende Beispiel zeigt ein gesweeptes a-Moll-Arpeggio, das sowohl aufsteigend als auch absteigend gespielt wird. Es gibt zwei Noten auf der oberen Saite und die Picking-Richtungen werden angezeigt.

Beispiel 3m

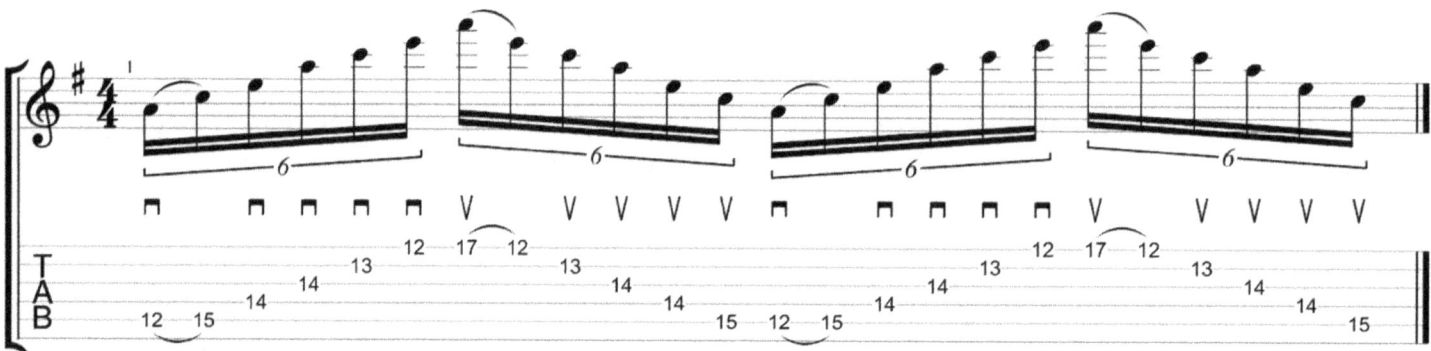

Sweep Picking ist eine ziemlich fortgeschrittene Technik und wird in unserem Buch *Sweep Picking Speed Strategien für Gitarre* sehr ausführlich behandelt.

Tremolo-Picking ist die Technik, bei der die gleiche Note in einem festgelegten Rhythmus schnell mehrmals wiederholt wird. Normalerweise ist es eine sehr schnelle Technik und es ist schwierig, sie sauber auszuführen. In Tabulaturen und Notationen wird sie oft mit diagonalen Schrägstrichen durch den Notenhals notiert. Jede diagonale Linie entspricht dem „Fähnchen" eines kürzeren Rhythmuswertes.

Im folgenden Beispiel zeigt Takt eins eine 1/2-Note mit einem Schrägstrich, was dem Fähnchen einer 1/8-Note entspricht, so dass das Tremolo-Picking für zwei Beats in 1/8-Noten ausgeführt werden sollte.

Takt zwei zeigt eine 1/2-Note mit zwei Schrägstrichen, daher sollte das Tremolo-Picking als 1/16-Note für zwei Beats gespielt werden.

Takt drei zeigt eine 1/4-Note mit drei Schrägstrichen, daher sollte das Tremolo als 1/32-Note für einen Beat gespielt werden.

Takt vier zeigt eine ganze Note mit zwei Schrägstrichen, daher sollte das Tremolo als 1/16-Note für vier Schläge gespielt werden.

Beispiel 3n

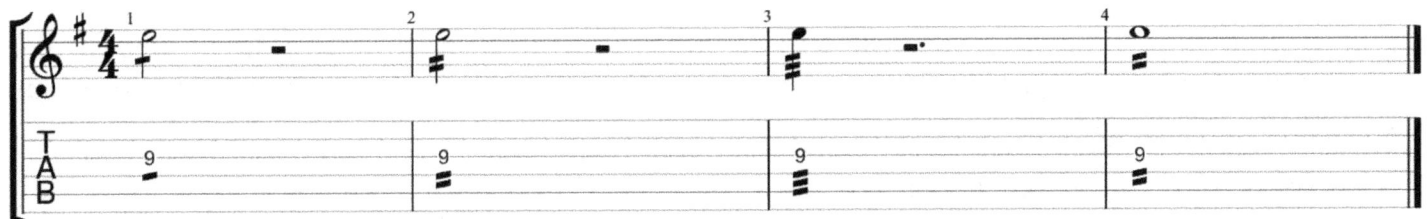

Die Schwierigkeit des Tremolos hängt sehr stark vom Tempo des Stücks ab. 1/16-Tremolo-Noten bei 80 bpm sind ziemlich moderat, während 1/32-Noten bei 120 bpm in der Tat sehr schnell sind!

Oftmals werden drei Tremolo-Schrägstriche durch eine Note einfach als *Tremolo* interpretiert, das man *so schnell wie möglich spielen soll*!

Der *Pick-Slide* oder *Pick-Scrape* ist eher ein perkussiver Effekt als eine spezifische Pick-Technik und ist in den meisten Formen des Hard Rock üblich. Die Idee besteht einfach darin, die lange Seite des Picks die Saiten hinunterzuschieben, um ein Schleifgeräusch zu erzeugen. Dies funktioniert viel besser, wenn du die Saite mit der Greifhand dämpfst und mit viel Verzerrung spielst.

Ein Pick-Slide kann eine lange Bewegung sein oder durch das Prellen der Kante des Picks entlang der Saiten gebrochen werden. So oder so, die Tabulatur zeigt eine gedämpfte Note, gefolgt von einer Wellenlinie in Richtung des Slides.

Beispiel 3o

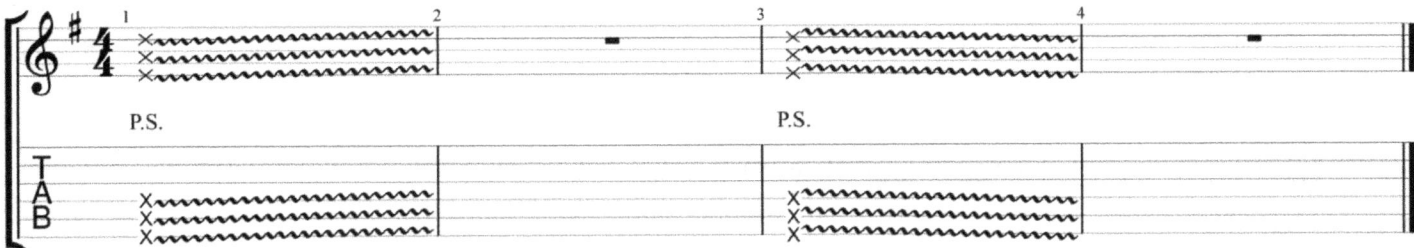

Kapitel Vier: Slides

Sliding ist eine gängige Methode, um zwischen zwei Noten auf der Gitarre zu wechseln. Die Idee ist, eine Note zu greifen und den Druck auf die Saite mit dem Finger beibehältst, während du nach oben (oder unten) zur folgenden Tonhöhe gleitest.

Es gibt verschiedene Möglichkeiten, Noten zu sliden, und sie alle erzeugen subtil unterschiedliche Effekte. Alle Slides werden durch eine diagonale Linie notiert, aber es gibt verschiedene Möglichkeiten, die verschiedenen Techniken zu unterscheiden.

Der am einfachsten zu spielende Slide ist der *Legato-Slide*.

Um einen Legato-Slide zu spielen, spiele die erste Note und slide zur zweiten, *ohne* die Saite ein zweites Mal anzuspielen. Die Notation für einen Legato-Slide ist eine diagonale (aufsteigende oder absteigende) Linie mit einem *Slur* (Legatobogen) über der Linie.

Um einen Legato-Slide zu spielen, spiele die erste Note und slide dann auf die zweite Note, ohne sie erneut anzuspielen. Die erste Note sollte über ihren vollen rhythmischen Wert gehalten werden, so dass ein deutliches Gefühl entsteht, beide Tonhöhen gleichmäßig zu spielen.

Beispiel 4a

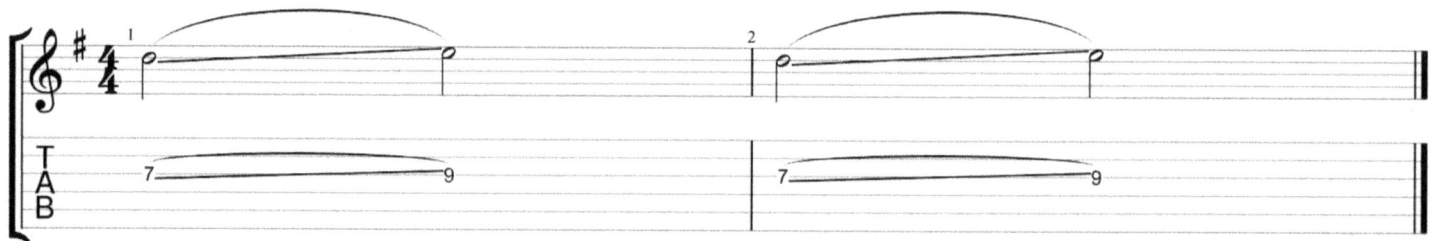

Legato-Slides können auch absteigend gespielt werden.

Beispiel 4b

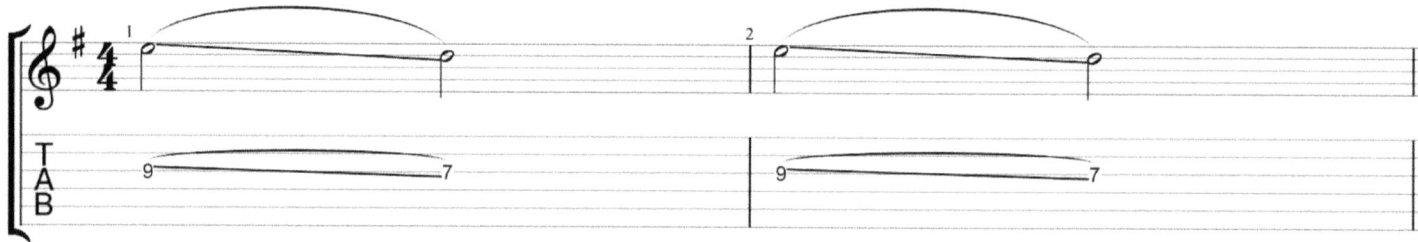

Natürlich ist es möglich, sowohl die zweite als auch die erste Note in dem Slide anzuspielen. Die Tabulatur für diesen Slide ist einfach eine diagonale Linie zwischen den beiden Noten, *ohne* den Legatobogen darüber, wie im vorherigen Beispiel gezeigt. Im folgenden Beispiel wählst du den 7. Bund, hältst die Note für zwei Schläge und gleitest bis zum 9. Bund. Sobald du den 9. Bund erreichst, spiele die Saite erneut, um die zweite Note zu artikulieren. Ich habe sowohl den aufsteigenden als auch den absteigenden Slide gezeigt.

Beispiel 4c

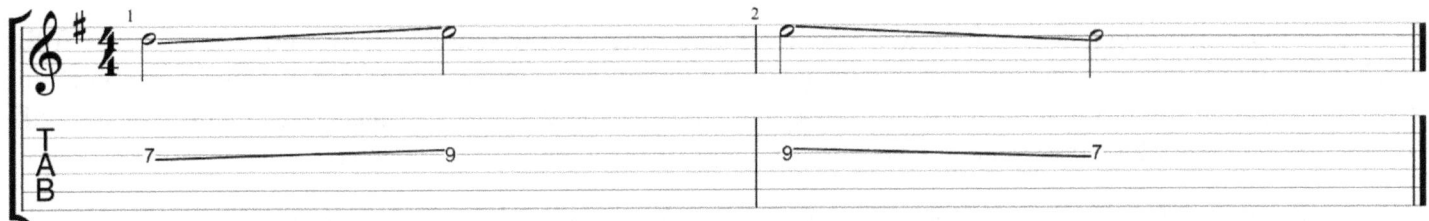

Wenn Gitarristen ein Solo spielen, finden sie oft Wege, jede Note leicht zu dekorieren. Eine gängige Technik ist es, schnell von einem unbestimmten Punkt unterhalb der Tonhöhe zu einer Zielnote zu gleiten. Dies wird als *Vorschlagnoten-Slide* bezeichnet. Der Slide kann lang oder kurz sein – wichtig ist, dass die Zieltonhöhe rechtzeitig erreicht wird.

In dem Tab zeigen wir einen Vorschlagnoten-Slide mit einer kurzen diagonalen Linie vor der Zielnote.

Ein aufsteigender Slide wird mit einem / notiert.

Ein absteigender Slide wird mit einer \ notiert.

Die Entfernung, die du zurücklegst, ist oft eine Frage des Geschmacks und des musikalischen Kontextes.

Beispiel 4d

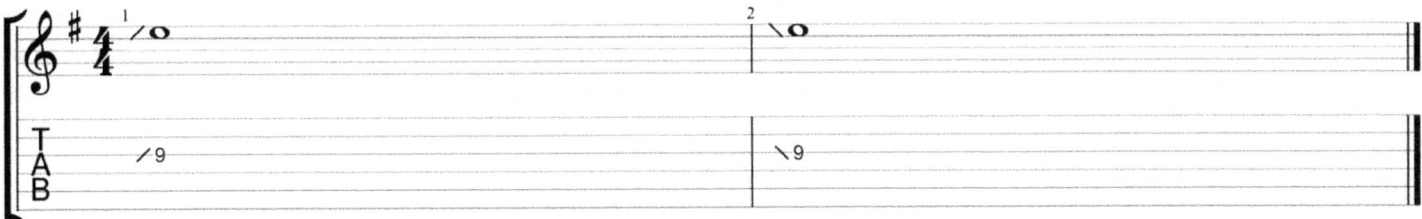

Wenn du langsam den Gitarrenhals hinaufgleitest und den Druck auf die Saite aufrechterhältst, wirst du jede Note hören, wenn du das Bundstäbchen passierst. Dieser Effekt wird als *Glissando* bezeichnet und wird mit einer Linie zwischen zwei Noten dargestellt.

Beispiel 4e

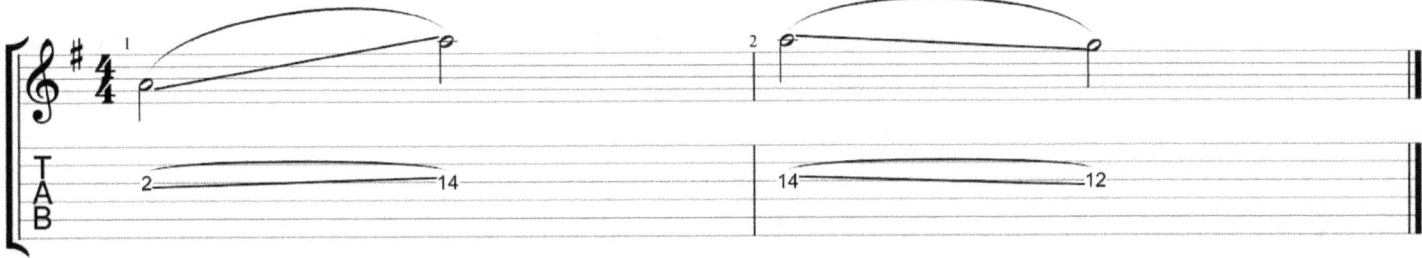

Kapitel Fünf: Legato (Hammer-Ons, Pull-Offs und Tapping)

Legato bedeutet wörtlich „auf sanfte und fließende Weise" und auf der Gitarre ist dies ein Sammelbegriff für den Einsatz von Hammer-Ons, Pull-Offs und sogar Tapping mit der rechten Hand. Das Anspielen der Saite mit dem Pick erzeugt einen hörbaren scharfen „Anschlag" am Anfang der Note, so dass das Legato jede Technik ist, bei der man das Plektrum *nicht* benutzt, um eine Note zu spielen.

Beim Gitarrenspiel werden Legato-Techniken oft verwendet, um sehr schnell zu spielen. Viele Gitarristen finden, dass das Plektrum der größte Faktor ist, der ihre Schnelligkeit und Gewandtheit einschränkt. Indem man die meisten der gespielten Noten entfernt, ist es möglich, lange, sanfte Phrasen auf der Gitarre mit halsbrecherischer Geschwindigkeit zu spielen. Joe Satriani ist ein großer Fan von Legato.

Lass uns die beiden wichtigsten Techniken untersuchen, die Legato auf der Gitarre erzeugen: Hammer-Ons und Pull-Offs.

Hammer-Ons

Ein Hammer-On wird ausgeführt, indem man eine Note anschlägt und dann mit dem Finger auf eine Note auf derselben Saite hämmert, die höher in der Tonhöhe ist. Das Zeichen für ein Hammer-On ist eine kurze, geschwungene Linie, die als *Bindebogen* zwischen den tiefen und höheren Tonhöhen bezeichnet wird. Du wirst manchmal die Anmerkung „H/O" über die Linie geschrieben sehen, aber nicht immer, oft musst du auf die Markierungen im Tab achten.

Um das folgende Hammer-On durchzuführen, spiele mit dem ersten Finger den 7. Bund auf der dritten Saite. Schlage die Note normal an und hämmere mit deinem *dritten* Finger auf den 9. Bund, *ohne* die Saite erneut *anzuschlagen*. Das Geheimnis ist, mit der Fingerspitze zu hämmern, nicht mit der weichen Fingerbeere. Lasse die zweite Note erklingen.

Beispiel 5a

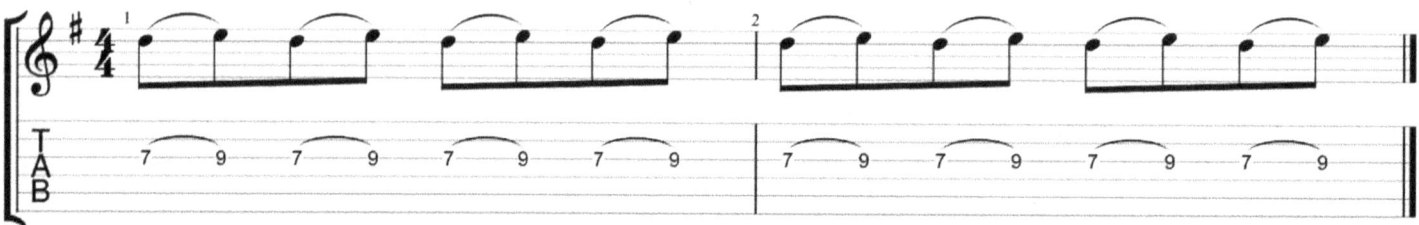

Die folgende Linie kombiniert eine gespielte Note mit zwei Hammer-Ons. Spiele nur die erste Note und hämmere mit dem zweiten bzw. vierten Finger auf den 5. und 7. Bund.

Beispiel 5b

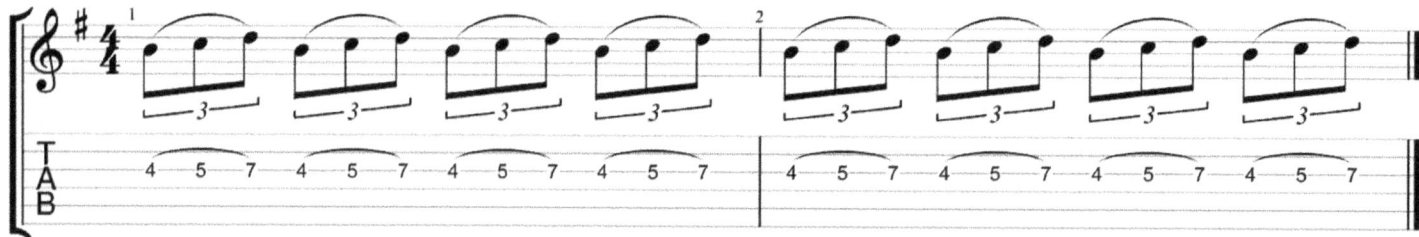

Du kannst auch von einer offenen Saite auf eine gegriffene Note hämmern.

Beispiel 5c

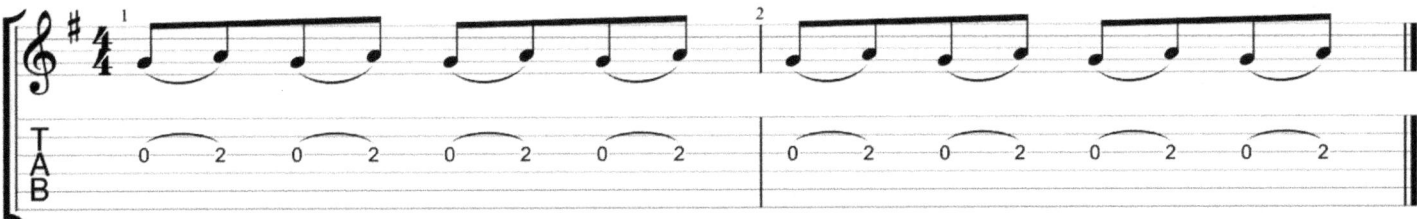

Pull-Offs

Es ist wahrscheinlich keine Überraschung, aber ein Pull-Off ist genau das Gegenteil von einem Hammer-On. Du schlägst eine Note an und ziehst deinen Finger ab, um eine tiefere Note zu erzeugen.

Ein Pull-Off wird wiederum durch eine geschwungene Linie über einer Note dargestellt und sieht genauso aus wie ein Hammer-On. Manchmal sieht man die Buchstaben „P/O" über den Noten, aber wenn das nicht vorhanden ist, muss man sich die Tonhöhen selbst ansehen, um zu sehen, ob die Musik ein Hammer-On oder Pull-Off erfordert.

Wenn die Tonhöhe der Noten steigt, spiele ein Hammer-On.

Wenn die Tonhöhe der Noten sinkt, spiele ein Pull-Off.

In der folgenden Abbildung legst du deinen dritten Finger auf den 9. Bund der dritten Saite *und* deinen ersten Finger auf den 7. Bund der gleichen Saite.

Schlage die Note im 9. Bund an und ziehe den dritten Finger ab (nach unten, zum Boden hin), um die Note auf dem 7. Bund erklingen zu lassen, ohne die Saite erneut zu spielen.

Dein dritter Finger sollte als „Mini-Pick" deiner Greifhand fungieren, und du musst darauf achten, dass du die zweite Saite nicht erwischst, während du das Pull-Off Richtung Boden ausführst.

Lasse die Note im 7. Bund sauber erklingen.

Beispiel 5d

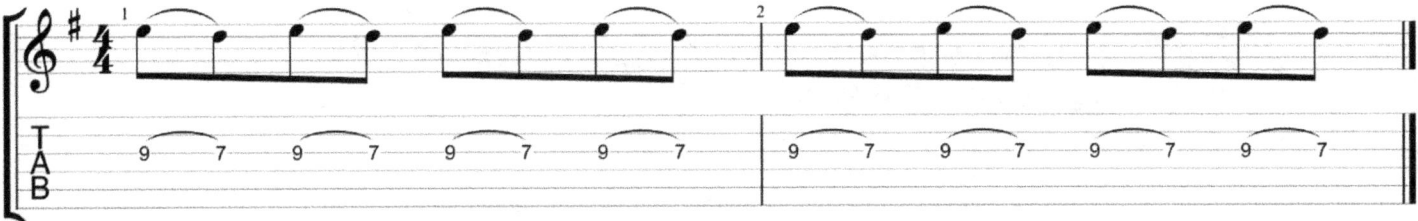

Hammer-Ons und Pull-Offs können über jede erreichbare Entfernung gespielt werden. Verwende im nächsten Beispiel deinen vierten Finger, um die höhere Note zu spielen und ziehe ihn dann ab, damit dein erster Finger die niedrigere Note spielt.

Beispiel 5e

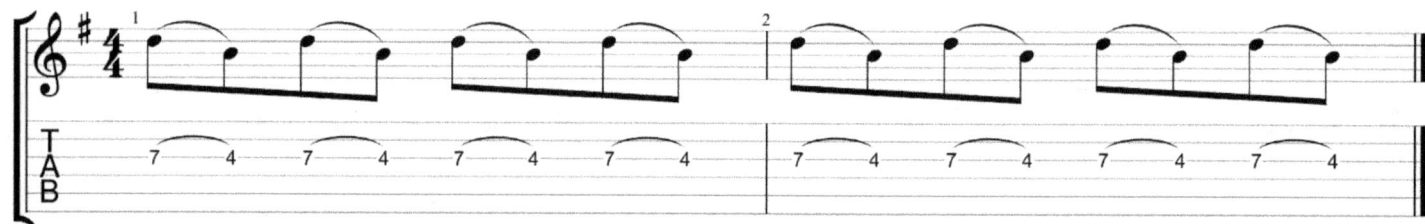

Es ist auch möglich, ein Pull-Off zu einer offenen Saite zu spielen. Stevie Ray Vaughan nutzte diese Technik sehr oft in seinen rasanten Blues.

Beispiel 5f

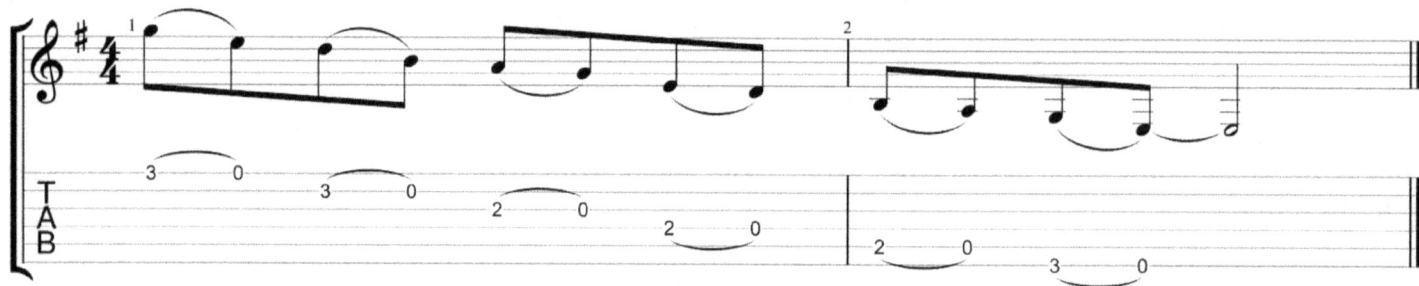

Hammer-Ons und Pull-Offs werden oft zu langen Sequenzen kombiniert und das einzige Mal, bei dem du die Gitarre anschlägst, ist für die erste Note oder den Saitenwechsel. Alle anderen Noten können legato gespielt werden.

In diesem Beispiel habe ich eine etwas längere Phrase geschrieben, die Hammer-Ons, Pull-Offs und gelegentlich angespielte Note kombiniert, die mit den Pick-Richtungen markiert ist, die du im vorherigen Kapitel gelernt hast.

Denke daran, dass aufsteigende Noten Hammer-Ons und absteigende Noten Pull-Offs sind.

Beispiel 5g

Eine letzte Kombination aus Hammer-Ons und Pull-Offs, die dir in der modernen Musik wahrscheinlich begegnen wird, ist der Triller. Ein Triller ist ein schneller Hammer-On und Pull-Off zwischen zwei Noten.

Triller sind mit einem „tr" über der betreffenden Note gekennzeichnet, wobei die Note, von der aus du trillerst, und die Note, zu der du trillerst, in Klammern angegeben werden. Im folgenden Beispiel, am Ende des ersten Taktes, schlägst du die offene G-Saite an, dann trillerst du zum zweiten Bund.

Beispiel 5h

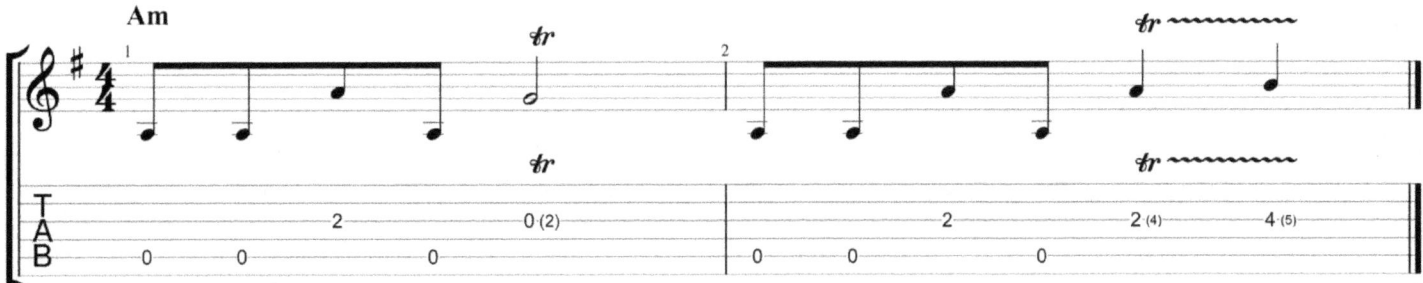

Tapping mit der rechten Hand

Das erste aufgenommene Beispiel für einen Gitarristen, der eine Note auf der Gitarre tappt (klopft), war 1965 von dem Italiener Vittorio Camardese, aber die Technik wurde in den 1970er und 80er Jahren von Eddie Van Halen, Stanley Jordan und Steve Hackett populär gemacht.

Tapping (=Klopfen) ist eine recht fortschrittliche Legato-Technik, bei der ein Finger der Picking-Hand nach vorne (zum Griffbrett) greift und eine Note auf dem Griffbrett der Gitarre „tappt". Das Wort *Tap* ist meiner Meinung nach etwas irreführend – die Bewegung ist eher wie ein Hammer-On und sofortiges Pull-Off mit einem Finger der Picking-Hand.

In Kombination mit linkshändigen Hammer-Ons und Pull-Offs ermöglicht das Tapping Gitarristen, extrem schnelle Phrasen zu spielen, ohne dass ein Plektrum erforderlich ist.

Um ein Tapping durchzuführen, halte zunächst den 5. Bund auf der zweiten Saite gedrückt und spiele die Saite normal mit dem Plektrum. Als nächstes klopfst du mit dem Mittelfinger der rechten Hand fest auf den 12. Bund der gleichen Saite und „zupfst" die Saite mit dem rechten Finger sanft an, indem du ein Pull-Off nach unten in Richtung Boden durchführst. Wenn du den Finger der rechten Hand vom 12. Bund abziehst, sollte die gehaltene Note im 5. Bund so klingen, als hättest du die Saite neu angeschlagen.

Halte den 5. Bund gedrückt und tippe wiederholt mit dem Mittelfinger der rechten Hand auf die Note im 12. Bund (Hammer-On) und lasse sie los (Pull-Off).

In der Notation ist das Symbol für eine getappte Note normalerweise nur ein einfaches „T" über der getappten Note.

Beispiel 5i

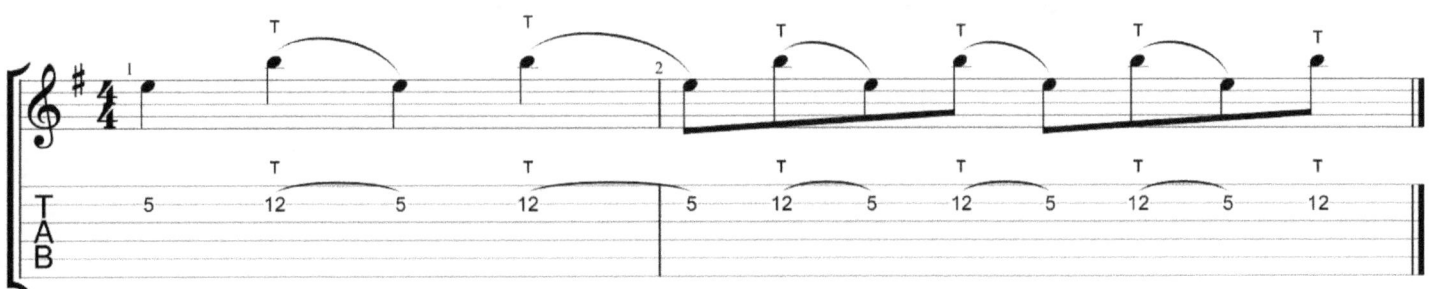

Das nächste Beispiel kombiniert Hammer-Ons und Pull-Offs der linken Hand mit einer getappten Note der rechten Hand. Spiele nur die erste Note in der Sequenz. Nach dem ersten Anschlag solltest du in der Lage sein, die Töne mit Hammer-Ons und Pull-Offs klanglich zu halten. Achte auf die Legato-Markierungen im Tab.

Beispiel 5j

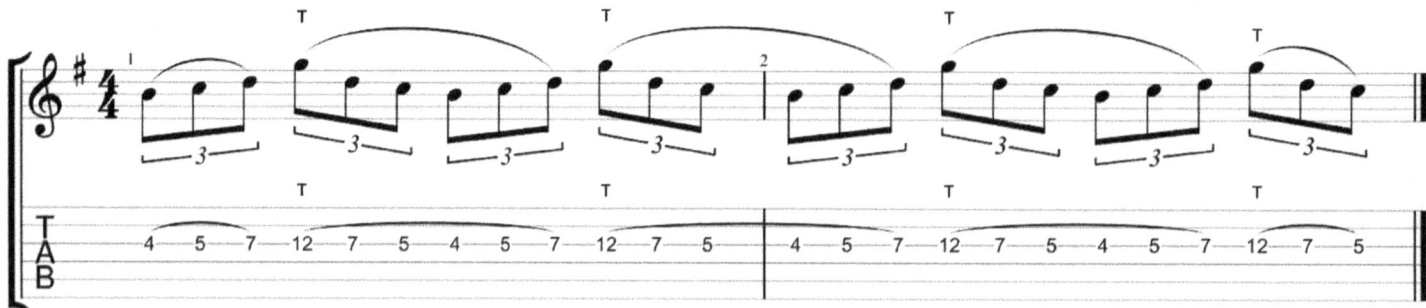

Das nächste Beispiel beginnt mit einem Tap und steigt durch die vorherige Sequenz ab.

Beispiel 5k

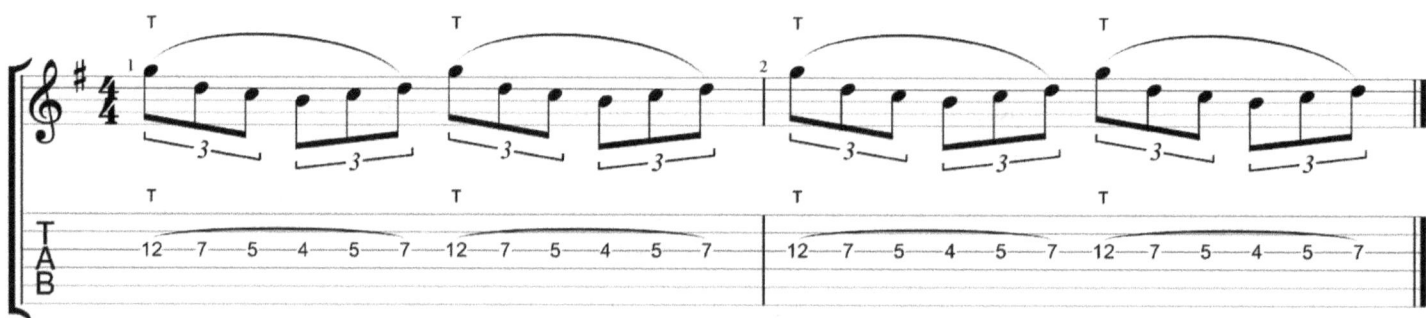

Beim Tapping ist es oft möglich, das Anschlagen ganz wegzulassen, indem man ein *Hammer-On aus dem Nichts* anwendet. Dies ist ganz einfach die Technik, auf die erste Note in einer Phrase zu hämmern, und es ist, als würde man mit der linken Hand tappen. Du musst eine gewisse Kraft der linken Hand entwickeln, um dies zu bewältigen, aber es ist eine Technik die man lernen sollte.

Das Symbol für ein Hammer-On aus dem Nichts ist ähnlich dem Symbol für ein normales Hammer-On, es hat nur keine Startnote. Dies ist eine knifflige Technik, also mache dir keine Sorgen, wenn sie nicht sofort gelingt.

Im folgenden Beispiel tappst du den 4. Bund fest mit dem Zeigefinger der Greifhand und spielst die Notenfolge durch, füge dann das Tapping auf den 12. Bund mit dem Mittelfinger der Greifhand hinzu.

Beispiel 5l

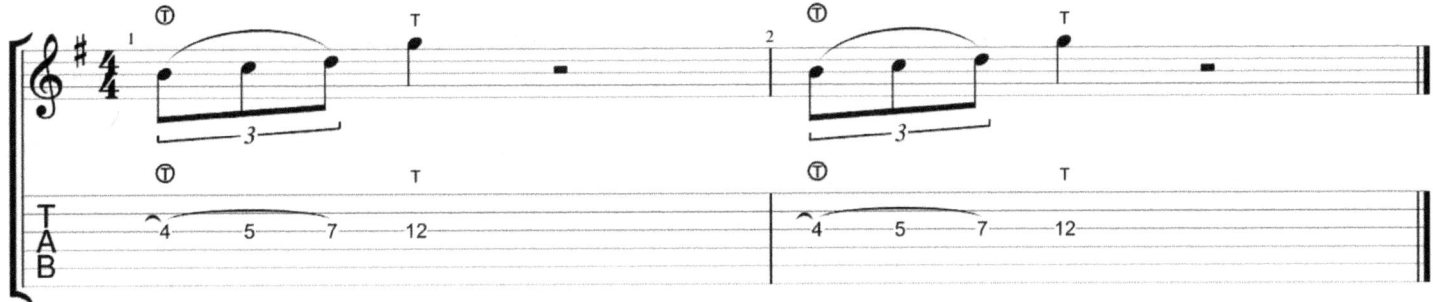

Eine weitere Tapping-Technik, auf die du stoßen kannst, ist das *Tapping und Slide*. Hier tippt der Finger der Schlaghand eine Note an und schiebt die angetippten Note nach oben oder unten in eine andere Tonhöhe, bevor er den Tap auflöst. Die Notation für Tap und Slide ist wie erwartet: ein T über den getappten Noten und eine diagonale Slide-Linie, um die Bewegung der Note zu zeigen.

Im folgenden Beispiel wird die erste Note normal gegriffen und angeschlagen. Dann folgt ein Hammer-On auf dem 7. Bund. Dieser Ton wird gehalten. Als nächstes hämmere mit dem Mittelfinger der rechten Hand auf den 12. Bund. Halte den Druck mit dem Tap der rechten Hand aufrecht und slide die getappte Note bis zum 14. Bund hoch und wieder bis zum 12. zurück. Die getappte Note sollte die Tonhöhe sanft ändern und während der gesamten Bewegung klingen. Wenn die getappte Note zum 12. Bund zurückkehrt, ziehe ihn mit dem rechten Finger ab, um den 7. Bund erneut zum Klingen zu bringen, bevor du zum 5. Bund abziehst.

Beispiel 5m

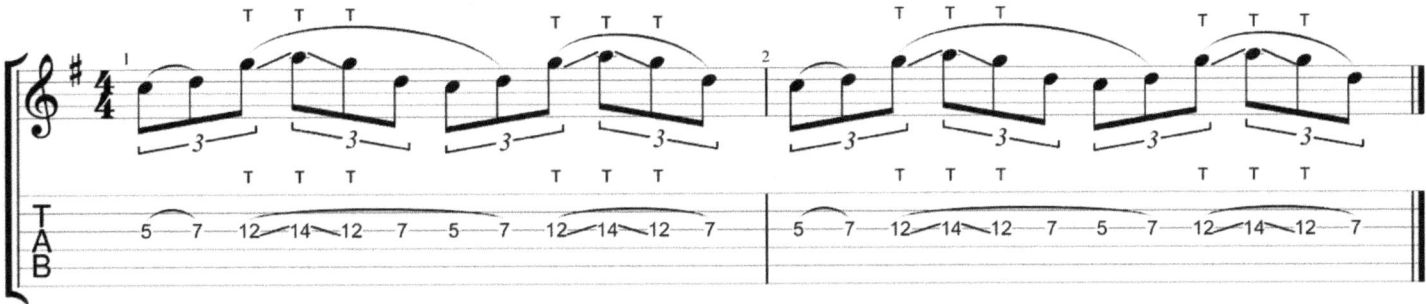

Tapping ist eine großartige Technik, die oft ganz frech von Gitarristen genutzt wird, um schnell mit der linken Hand die Position zu wechseln, während die getappte Note gespielt wird. Dies führt zu einigen ziemlich imposant klingenden Licks.

Fundamental Changes wird in Kürze ein eigenes Buch über das Tapping veröffentlichen, also halte Ausschau danach.

Kapitel Sechs: Artikulation und Dynamik

Oftmals fordert Musik dich auf, einzelne Noten auf bestimmte Weise zu *artikulieren*. Manchmal soll eine ganze Passage oder Phrase lauter, leiser oder allmählich von einer Lautstärke zur nächsten gespielt werden.

Der Sammelbegriff für diese Techniken ist *Dynamik* und in diesem Kapitel zeige ich dir, was du erwarten kannst, wie das in einer Gitarren Tab geschrieben ist.

Artikulation

Wenn du Rock, Funk, Pop oder Metal spielst, ist die häufigste Artikulation, die du sehen wirst, das Palm Mute. Dies geschieht, indem man den Handballen der Picking-Hand leicht auf die Saiten legt, direkt am Steg der Gitarre. Der größte Teil deiner Hand liegt in Kontakt mit dem Steg, und ein kleiner Teil sollte die Saiten berühren. Je mehr von deiner Hand die Saiten berührt, desto größer wird die das Abdämpfen sein.

Eine Palm-Mute-Passage wird in den Tabs durch die Buchstaben P.M. über oder unter den Noten mit kleinen Punkten oder Bindestrichen unter der Passage, die abgedämpft werden soll, dargestellt.

Ich habe untenstehend gezeigt, wie Palm Muting notiert wird. Lasse in Takt eins die ersten beiden Schläge ertönen und dämpfe die nächsten beiden ab. In Takt zwei lässt du die Melodie für zwei Beats klingen und dämpfst sie für zwei Beats ab.

Beispiel 6a

Das Gegenteil von Palm Muting könnte als Hinweis auf ein „Klingen lassen" (let ring) betrachtet werden. Wie der Name schon sagt, wenn eine Passage als „let ring" gekennzeichnet ist, sollten alle Noten gehalten werden und so weit wie möglich ineinander klingen.

Das folgende Beispiel zeigt eine einfache Phrase, die einmal ohne Markierung gespielt wird und dann ausklingt.

Beispiel 6b

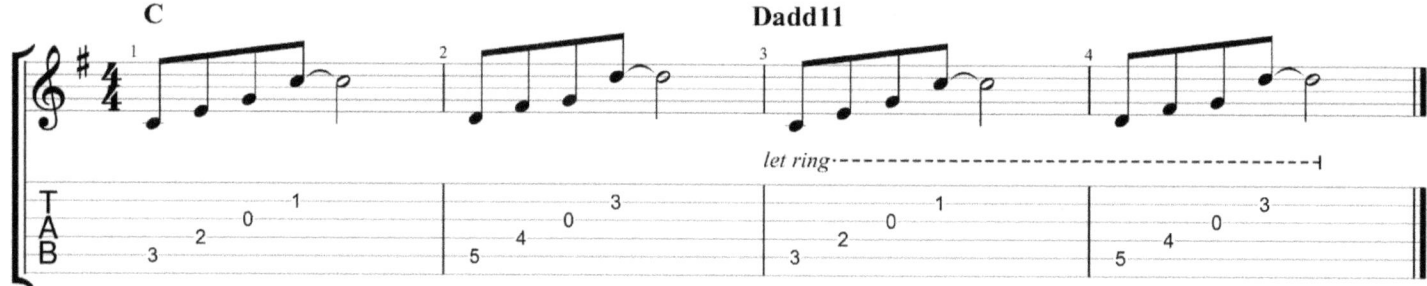

Eine weitere wichtige Artikulation wird einfach als *Akzent* bezeichnet und wird durch ein „>"-Zeichen über einer Note angezeigt. Dieses Symbol sagt dir einfach, dass du diese Note etwas lauter spielen sollst als alle anderen. Im folgenden Beispiel wird die dritte Note in jedem Takt betont.

Beispiel 6c

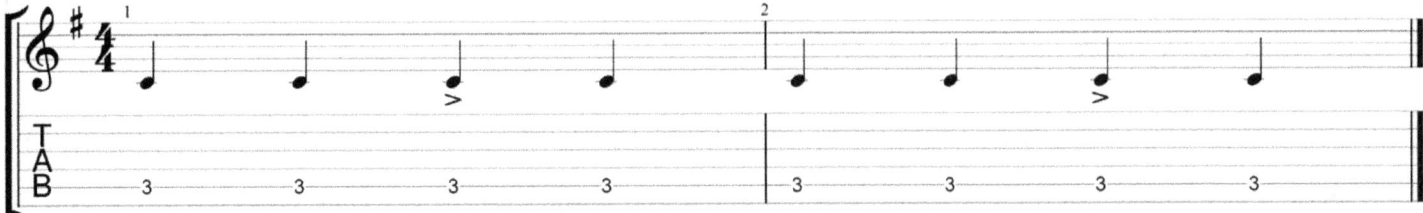

Sei vorsichtig, wenn du einen Akzent spielst. Es kann leicht passieren, die akzentuierte Note versehentlich etwas kürzer zu machen als die anderen um sie herum, während du sie mit deinem Pick anschlägst. Auch wenn die Note lauter ist, dauert sie immer noch genauso lange wie alle anderen.

Wenn du *jedoch* eine Note kurz und losgelöst machen möchtest, ist die Technik, nach der du suchst, *Stakkato*. Stakkato ist italienisch für „scharf von den anderen getrennt" und wird in der Musik durch einen einzigen Punkt direkt über oder unter der Note dargestellt.

Um eine Stakkato-Note zu spielen, kannst du sie ganz normal spielen, dann mit dem greifenden Finger schnell den Druck auf die Saite reduzieren oder nach dem ersten Anschlagen mit der rechten Hand schnell abdämpfen.

Im folgenden Beispiel wird die dritte Note in jedem Takt stakkato gespielt. Es ist schwierig, der Note beim Stakkato keinen Akzent hinzuzufügen, aber versuche, dies zu vermeiden.

Beispiel 6d

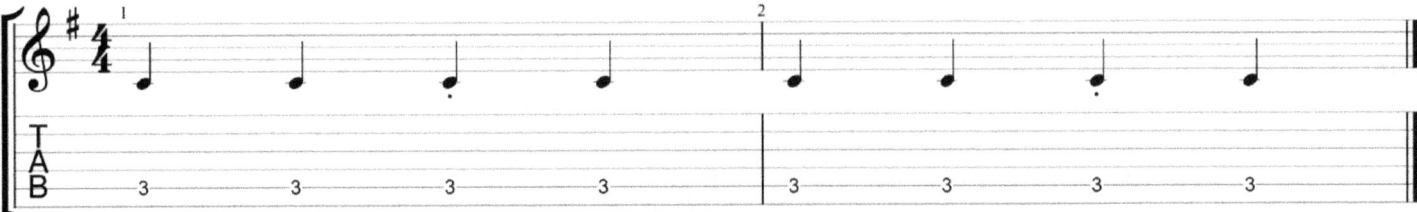

Eine Artikulation, die du in der Tabulatur selten sehen wirst, ist *marcato* (hervorgehoben), was im Wesentlichen eine akzentuierte Stakkato-Note ist. Es wird durch ein **v** über der Note angezeigt.

Im folgenden Beispiel wird die dritte Note in jedem Takt als marcato gespielt. Spiele es als kurze, einzelne und akzentuierte Note.

Beispiel 6e

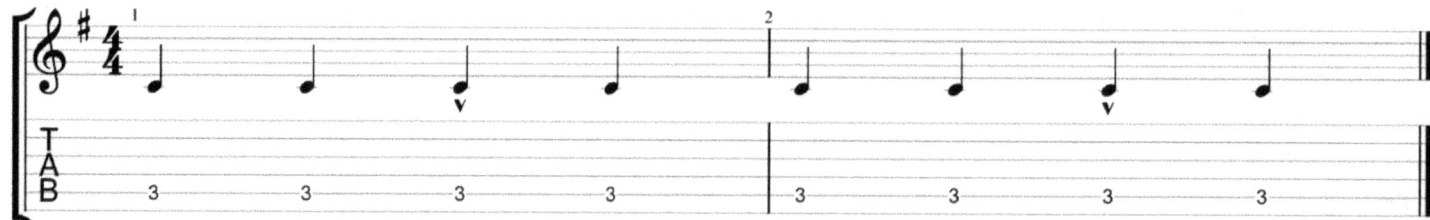

Eine letzte zu berücksichtigende Artikulationsmöglichkeit sind die „Fermata". Dies beeinflusst das Timing einer Phrase und zeigt an, dass du die Note halten solltest, bevor du fortfährst. Wenn du ein Solo spielst, liegt die Länge der Note in deinem Ermessen. Spielst du hingegen mit einer Band, musst du demjenigen folgen, der die Band leitet.

Das folgende Beispiel zeigt vier Takte Musik mit einer *Fermate* am Ende des zweiten Taktes. Es ist hier platziert, um der Musik das Atmen zu erleichtern.

Beispiel 6f

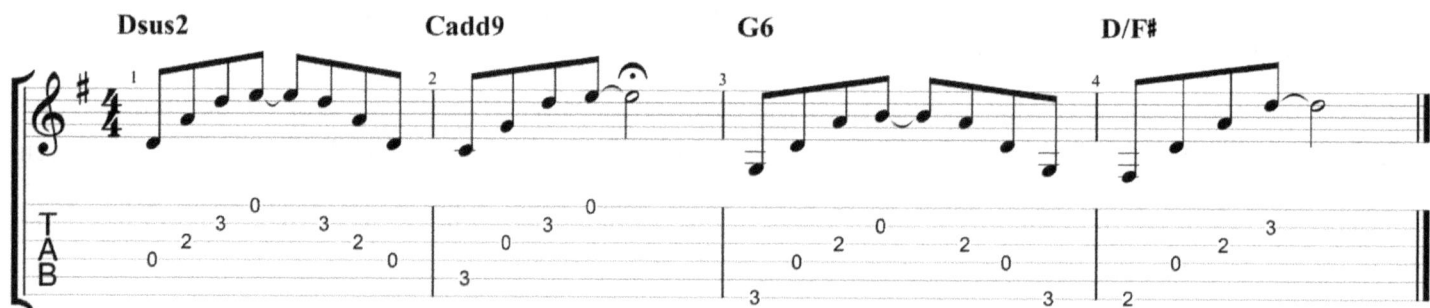

Dynamik

Während Artikulationen Techniken sind, die auf einzelne Noten angewendet werden, bezieht sich die *Dynamik* im Allgemeinen auf Lautstärkeänderungen, die sich auf ganze musikalische Phrasen auswirken.

Wie bei vielen Dingen in der Musik stammen die Worte und Markierungen, die laut und leise beschreiben, aus der italienischen Originalsprache. *Piano* bedeutet ruhig und *forte* bedeutet laut.

Piano wird mit „p" und forte mit „f" abgekürzt.

Je mehr P's, desto leiser spielst du, und je mehr F's, desto lauter spielst du.

Also bedeutet „p" leise spielen, „pp" bedeutet sehr leise spielen und „ppp" ist kaum hörbar. (*pp* steht übrigens für *pianissimo*, was auf Italienisch „sehr leise spielen" bedeutet!)

Umgekehrt bedeutet „f" laut spielen, „ff" bedeutet sehr laut spielen und „fff" bedeutet, naja.... ausrasten!   (*ff* steht für *fortissimo*, was auf Italienisch „sehr laut spielen" bedeutet).

Für Gitarristen ist es erwähnenswert, dass, wenn über der Musik fff geschrieben steht, dies nicht bedeutet, dass man den Verstärker aufdrehen, sondern dass man härter spielen soll!

Es gibt noch einen anderen italienischen Begriff, den du kennen solltest: *mezzo*. Das bedeutet medium oder mittel. Du wirst oft Dynamik wie *mp* (ziemlich ruhig) und *mf* (ziemlich laut) sehen. Wenn du mich auf den Punkt bringst, würde ich sagen, dass die meiste Musik ohne dynamische Markierungen normalerweise als *mf* (mezzo forte) gespielt wird.

Im unteren Beispiel wird der erste Takt *p*, der zweite Takt *mf*, der dritte Takt *f* und der letzte Takt *fff* gespielt.

Beispiel 6g

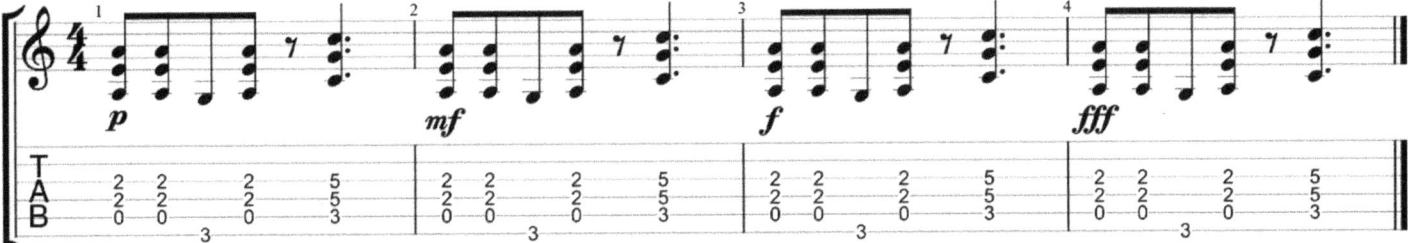

Die Dynamik springt nicht immer so dramatisch an, wie im vorherigen Beispiel. Oftmals bewegt sie sich allmählich zwischen zwei verschiedenen Lautstärken. So kann sich beispielsweise ein Durchgang über einen Zeitraum von vier oder acht Takten langsam von leise zu laut oder von laut zu leise bewegen. Um dies zu zeigen, verwenden wir die Zeichen < (*crescendo* / werde lauter) und > (*diminuendo* werde leiser).

In der Regel werden Anfangs- und Endlautstärke angegeben. Zum Beispiel bedeutet *ppp* < *fff*, sehr leise zu beginnen und lauter zu werden. Manchmal geschieht dies über einen Zeitraum von nur wenigen Takten, was eine sehr dramatische Veränderung bedeutet.

Im folgenden Beispiel gehe ich von *pp* nach *ff* über einen Zeitraum von vier Takten. Beachte, wie das Crescendo-Zeichen zwischen den Lautstärkenmarkierungen gedehnt wird.

Beispiel 6h

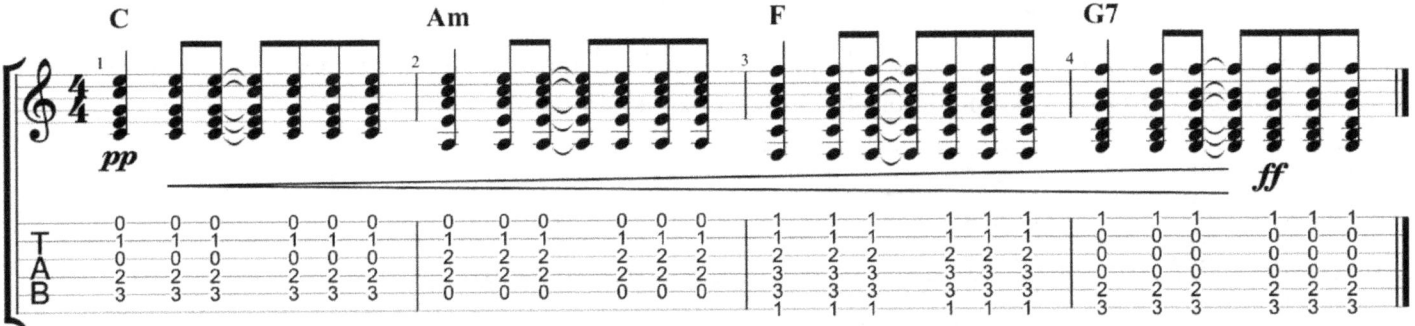

Und hier ist die gleiche Sache mit einem Diminuendo von *ff* nach *pp*.

Beispiel 6i

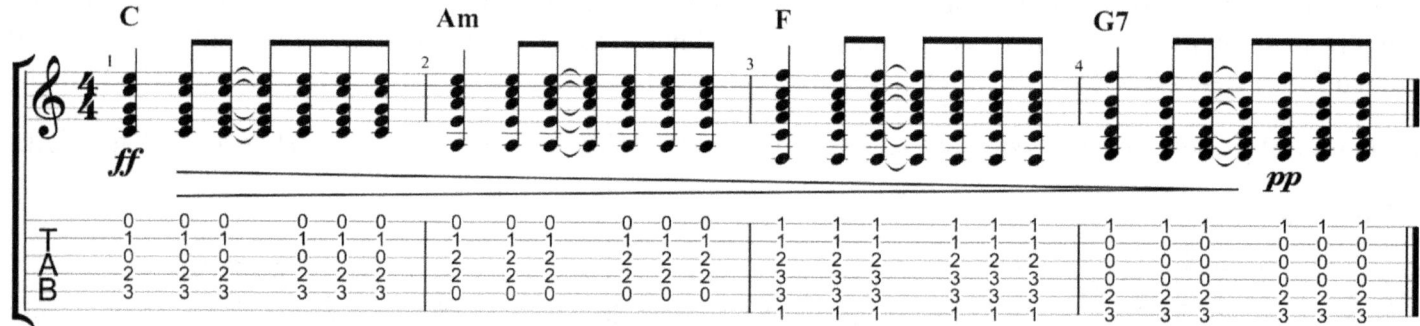

Möglicherweise siehst du auch kleine Veränderungen in der Lautstärke, die auf einzelne Noten der E-Gitarre lokalisiert sind. Diese werden mit kleinen „Haarnadeln" auf jeder Note angezeigt und werden ausgeführt, indem die Note bei ausgeschalteter Lautstärke gespielt und dann eingeschaltet wird. Dieser Effekt entfernt den Anschlag der Note und erzeugt einen geigenähnlichen Klang.

Beispiel 6j

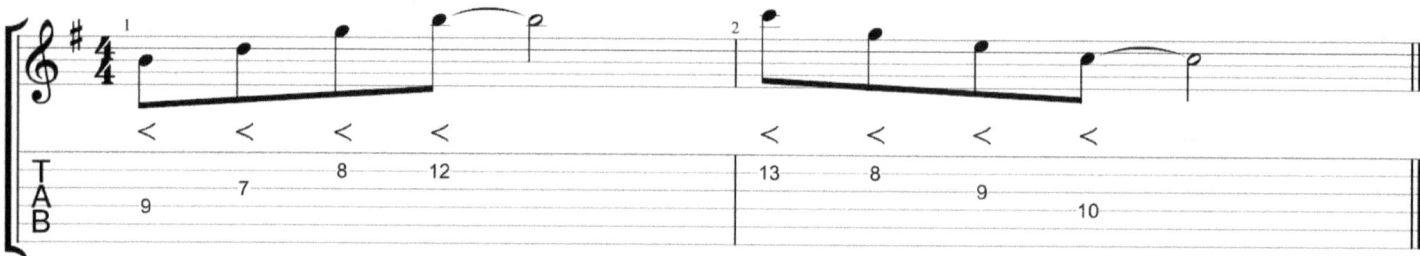

Es gab eine ganze Menge Informationen in diesem Abschnitt, die ich in der folgenden Tabelle zusammenfasse, aber der Kern davon ist p = leise, f = laut, < = lauter werden und > = leiser werden.

Dynamik und Artikulation werden in der Musik oft übersehen, aber sie sind einer der wichtigsten Faktoren, um deine Musik ausdrucksstark und emotional klingen zu lassen.

pp (pianissimo)	Sehr leise
p (piano)	Leise
mp (mezzo piano)	Ziemlich leise
mf (mezzo forte)	Ziemlich laut
f (forte)	Laut
ff (fortissimo)	Sehr laut
< (Crescendo)	Werde lauter
> (Diminuendo)	Werde leiser

Kapitel Sieben: Obertöne

Das liegt zwar etwas außerhalb des Rahmens dieses Buches, aber die Art und Weise, wie Obertöne (Flageolett-Töne) funktionieren, ist eigentlich recht interessant. Es geht darum, einen *Schwingungsknoten* auf der Saite so zu erzeugen, dass er in zwei getrennten Abschnitten schwingt.

Der am einfachsten zu spielende Oberton ist der *natürliche Oberton*. Um ihn zu erzeugen, berühre die Saite *sehr* sanft über dem 12. Bund (drücke die Saite nicht bis zum Bund herunter) und spiele die Saite an. Wenn du die Saite anspielst, nimm deinen Finger vorsichtig von der Saite. Der 12. Bund befindet sich genau in der Mitte der Saite, und wenn du es richtig gemacht hast, ist der Punkt, an dem du die Saite berührt hast, völlig still, während die beiden Saitenlängen auf beiden Seiten dieses Punktes gleich stark schwingen.

Der Ton, den du erzeugt hast, ist eine Oktave höher in der Tonhöhe als die offene Saite.

Um einen natürlichen Oberton darzustellen, wird die gegriffene Note von den Symbolen < > umgeben, und im Notationsteil siehst du einen diamantförmigen Notenkopf.

Beispiel 7a

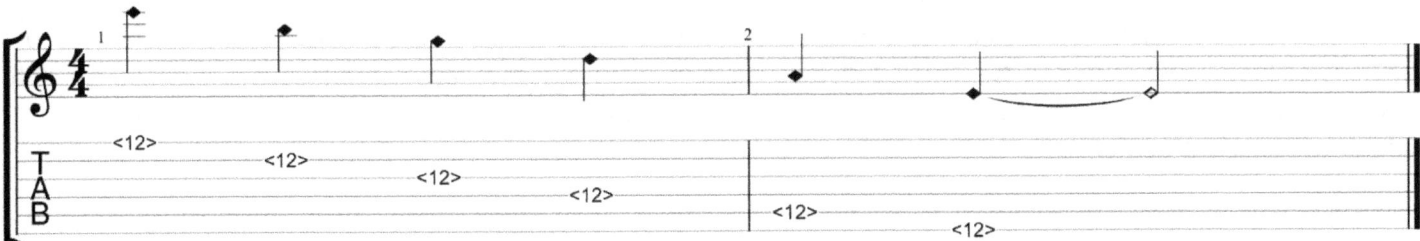

Natürliche Obertöne können an jedem Punkt der Gitarre erzeugt werden, an dem man die Saite in ein gleichmäßiges Verhältnis unterteilen kann - zum Beispiel 2:1 (wie oben) 3:1 oder 4:1.

Das bedeutet, dass du natürliche Obertöne auf den Bünden 12, 7, 5, 4 und sogar 3.2 spielen kannst. Wenn du den Hals hinuntergehst, werden die Obertöne schwieriger zu spielen, da du auf einem kleineren Ziel präziser sein musst. Wenn du Probleme hast, versuche, ein wenig Verzerrung hinzuzufügen.

Beispiel 7b

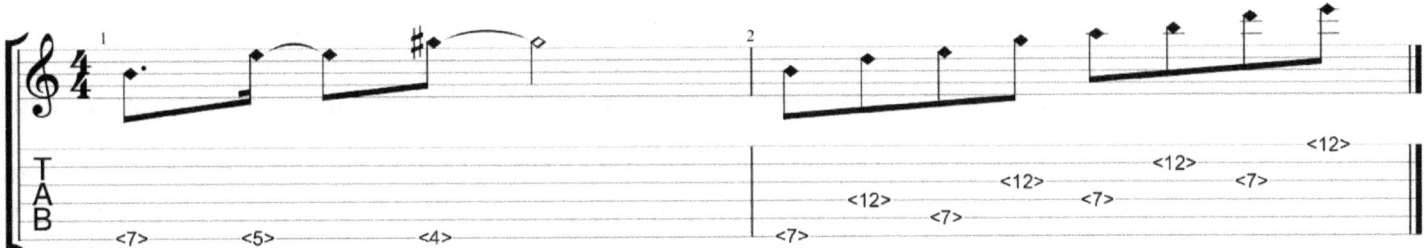

Pinched Harmonics (*Squealies*) funktionieren nach einem ähnlichen Prinzip wie natürliche Obertöne, aber in diesem Fall wird die Note durch die Schlaghand erzeugt, während du eine Note mit deiner Greifhand spielst.

Die Technik ist schwer mit Worten zu beschreiben. Im Wesentlichen musst du die Saite mit dem Pick (von dem nur eine winzige Spitze zwischen Daumen und Zeigefinger zu sehen sein darf) berühren und, während du das tust, sofort einen Knotenpunkt erzeugen (und zwar an einer Stelle auf der Saite, an der Obertöne auftreten können), indem du dieselbe Saite mit der Daumenkante berührst. Dies wird als eine einzige Aktion durchgeführt. Verwende etwas Verzerrung und füge der gegriffenen Note ein wenig Vibrato hinzu, um dem gepinchten Oberton zum Klingen zu bringen.

Wie bei natürlichen Obertönen stehen die Knotenpunkte im Verhältnis zur Saitenlänge, aber da du auf jeder Note einen Pinched Harmonic erzeugen kannst, bewegen sich auch die Orte entsprechend auf dem Griffbrett.

Um zu beginnen, halte den 7. Bund der dritten Saite gedrückt und positioniere deine Pick-Hand um den Bereich des mittleren Pickups (auf einer Stratocaster-Gitarre). Spiele die dritte Saite ziemlich hart nach unten und berühre die Saite sofort mit der Daumenkante, während du spielst.

Wenn der gepinchte Oberton nicht ertönt, liegt das daran, dass du dich nicht ganz auf einem Knotenpunkt befindest. Bewege deine Schlaghand ein wenig in beide Richtungen, bis du den Sweet Spot findest, an dem der Oberton ertönt. Vergiss nicht, etwas Vibrato hinzuzufügen und ein wenig Verzerrung an deinem Verstärker einzustellen.

Wenn du den richtigen Punkt getroffen hast, hörst du den gepinchten Oberton eine Oktave höher als die gegriffene Note. Die Notation für einen pinched Harmonic ist wie die eines natürlichen Obertons, aber du wirst die Buchstaben P.H. oder A.H. über der Note und die Position des rechten Picks in einer winzigen <> Klammer danebenbemerken.

Beispiel 7c

Manchmal sieht man einen pinched Harmonic, der in einen Diamanten oder ein Dreieck geschrieben ist, und die genaue Tonhöhe des Obertons steht darunter. Das Auffinden der Tonhöhe der Obertöne ist oft eine Frage von Versuch und Irrtum und wird durch das Verschieben der Position, an der du die Gitarre anschlägst, erreicht.

Wenn du die obige Technik beherrschst, experimentiere mit der Stelle, an der du die Saite anspielst. Wenn du dich vom Steg zum Hals vorwärts und rückwärts bewegst, wirst du verschiedene Tonhöhen von Obertönen finden, genau wie bei den natürlichen Obertönen zuvor.

Beispiel 7d

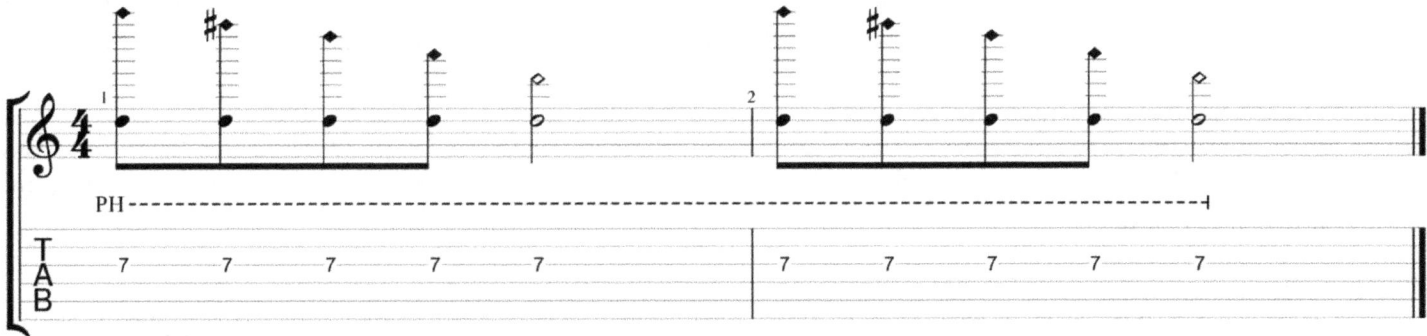

Pinched Harmonics werden im Rockgitarren-Solo ständig verwendet und oft willkürlich eingesetzt. Sie sind eine großartige Möglichkeit, plötzlich eine sehr hohe Note in ein Solo einzubringen. Schaue dir dieses kurze Solobeispiel an.

Beispiel 7e

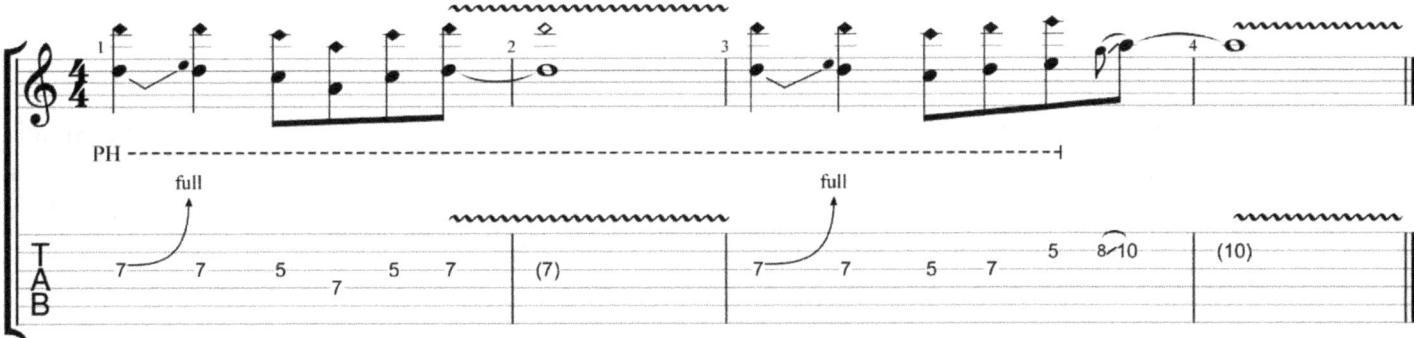

Getappte Obertöne sind eng mit natürlichen Obertönen verwandt, beinhalten aber *das Tapping* einer Note in einem bestimmten Abstand über einer gegriffenen Note. Sie werden normalerweise wie ein natürlicher Oberton notiert, wobei die Buchstaben T.H. darübergeschrieben sind.

Der einfachste Weg damit anzufangen, besteht darin, eine tiefe Note auf der Gitarre zu greifen und 12 Bünde über der Note direkt auf das Bundstäbchen zu tappen. Im folgenden Beispiel hältst du den zweiten Bund gedrückt und tappst direkt auf das Bundstäbchen des 14. Bundes. Tappe fest und schnell. Löse deinen Finger schnell, damit dieser so kurz wie möglich im Kontakt mit der Saite ist.

Beispiel 7f

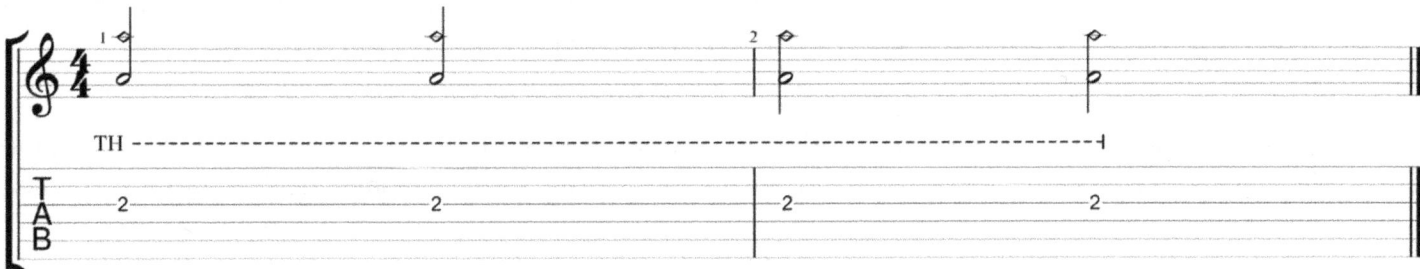

Nochmals, wie bei vielen Dingen im Leben, geht es um das Verhältnis! Du kannst Obertöne erzeugen, indem du 12, 7, 5 und 4 usw., Bünde über der gebundenen Note tappst. Es ist nützlich, sich das Tapping auf 12. Bünde höher als Null vorzustellen, damit du diese Verhältnisse sowohl nach oben als auch nach unten verschieben kannst.

Im folgenden Beispiel halte ich den 2. Bund gedrückt und klopfe auf das Bundstäbchen der verschiedenen harmonischen Punkte auf der 3. Saite. Füge ein wenig Vibrato in deiner Greifhand hinzu, um die Obertöne zum Klingen zu bringen.

Beispiel 7g

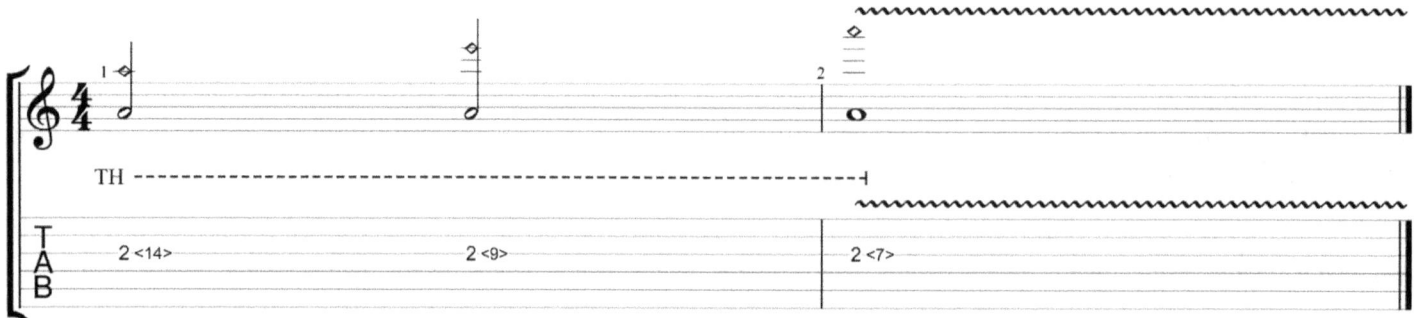

Eine schöne Anwendung von getappten (und in den Harp Harmonics, die wir in einer Minute behandeln werden) ist es, einen Akkord mit der Greifhand zu greifen und 12 Bünde über dem Akkord mit der rechten Hand zu tappen. Wenn du deinen Mittelfinger benutzt, kannst du dein Plektrum weiterhin normal halten. Denke daran, hart, schnell und direkt auf das Bundstäbchen zu tappen.

Beispiel 7h

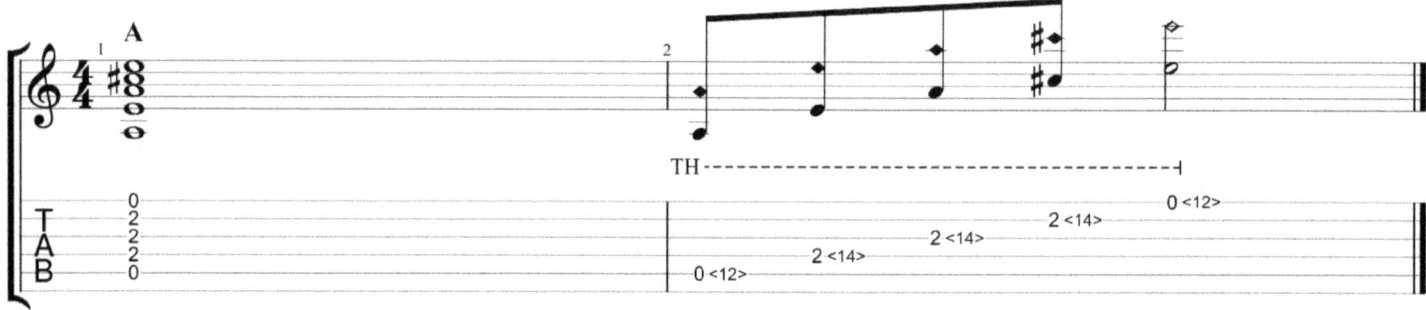

Künstliche Obertöne und *Harp Harmonics* sind knifflige kleine Biester, die, in aller Fairness, unglaublich klingen. Im Wesentlichen besteht diese Technik darin, eine gegriffene Note (oder typischerweise einen Akkord) zu halten und den Oberton 12 Bünde über dieser Note (oder diesen Noten) anzuschlagen.

Um die Obertöne erklingen zu lassen, greife eine Note mit der Greifhand (z.B. eine A-Note auf der dritten Saite, 2. Bund). Positioniere nun deinen Zeigefinger über den Bunddraht des 14. Bundes. Berühre die Saite leicht über dem 14. Bund, spiele die Saite mit einem freien Finger oder Daumen und hebe sofort deinen Zeigefinger ab.

Der Finger, der zum Zupfen der Saite verwendet wird, variiert von Spieler zu Spieler, je nachdem, was du am bequemsten findest. Ich stecke meinen Daumen hinter meinen Zeigefinger und zeige auf den Bund, dann zupfe ich die Saite mit meinem Daumen. Andere Spieler machen es auf klassische Weise und zupfen mit dem Ringfinger. Andere, die es vorziehen, ein Plektrum zu verwenden, gehen dazu über, das Plektrum mit Daumen und Mittelfinger zu halten. Egal, ob du deinen Daumen, Finger oder ein Plektrum verwendest, achte darauf, dass du hinter dem Zeigefinger zupfst, da dies hilfreich bei Harp Harmonics ist.

Beispiel 7i

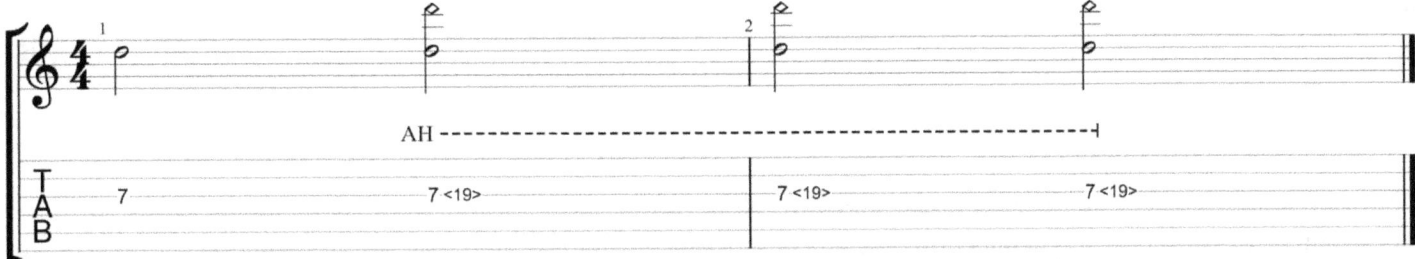

Harp Harmonics ist eine Technik, die durch die Kombination von künstlichen Obertönen mit normal gespielten Saiten erreicht wird. Der „Harfen"-Effekt entsteht durch das Zupfen eines künstlichen Obertons, gefolgt von einer gegriffenen Note, gefolgt von einem weiteren künstlichen Oberton und so weiter. Die Noten dürfen ineinander klingen und sollten so lange wie möglich klingen.

Um einen Harp Harmonic zu spielen:

- Halte einen Akkord gedrückt.

- Spiele die erste Note als künstlichen Oberton, indem du 12 Bünde weiter oben zupfst und dabei die oben beschriebene Technik anwendest.

- Spiele die nächste Note im Akkord als normal gegriffene Note (einige Spieler springen stattdessen zur dritten Note, um ein größeres Intervall zu erzeugen).

- Spiele die nächste Note als künstlichen Oberton.

- Wiederhole dies, bis du den gesamten Akkord durchgespielt hast.

Die Kombination von Obertönen und normal gegriffenen Noten sollte einen „Kaskadeneffekt" erzeugen, der auch als *harmonischer Roll* bezeichnet wird. Verwende den Zeigefinger und Daumen, um die Obertöne zu spielen, und den Ringfinger, um die Noten zu zupfen.

Beispiel 7j

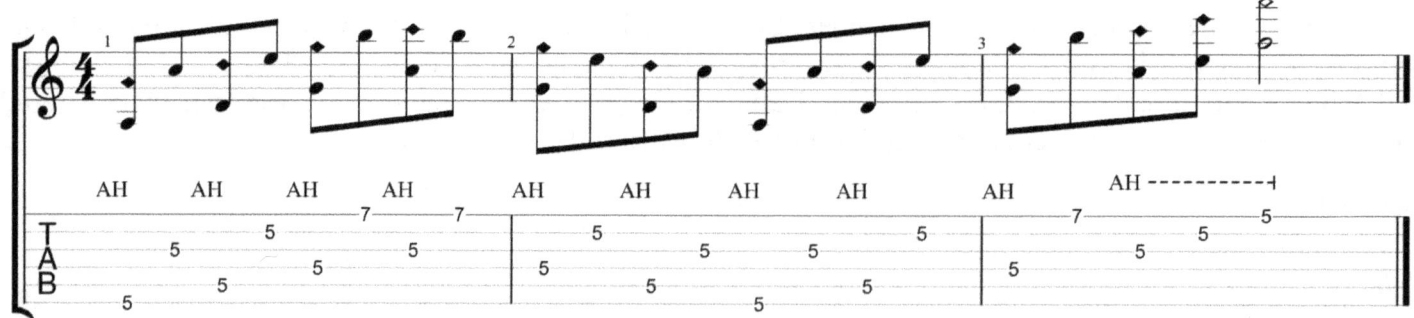

Obertöne sind eine schöne Spieltechnik, aber ihre Notation ist eine der am wenigsten standardisierten in der modernen Gitarrenmusik. Oft ist es einfach, aus dem Kontext zu erkennen, was erforderlich ist, also achte auf die Buchstaben „P.H.", „T.H." oder „H.H.", um einen Hinweis zu erhalten.

Kapitel Acht: Whammy Bar Techniken

Es gibt verschiedene Fabrikate und Ausführungen von *Whammy Bars* (manchmal fälschlicherweise auch *Tremolo Bar* genannt), die alle auf etwas unterschiedliche Weise funktionieren. Der Zweck von ihnen allen ist es jedoch, die Tonhöhe einer Note auf der Gitarre mechanisch zu erhöhen oder zu senken.

Wenn du auf den Whammy Bar drückst, löst sich die Spannung auf den Saiten, und jede Note, die klingt, sinkt in der Tonhöhe, manchmal dramatisch, je nachdem, wie weit du ihn drückst! An der Rückseite des Stegs, und versteckt im Inneren der Gitarre, ist ein Satz von Federn, die den Whammy Bar in seine neutrale Position zurückbringen, wenn der Druck nachlässt.

Einige Whammy Bars können so eingestellt werden, dass du sie nicht nur nach unten drücken kannst, um die Tonhöhe der Note(n) zu senken, sondern auch zurückziehen kannst, um sie zu erhöhen.

Whammy Bars gibt es seit etwa 70 Jahren und wurden vom Geigenbauer Paul Bigsby erfunden. Sie kamen jedoch erst in den späten 1960er Jahren mit Jimmy Hendrix' Protestversion von *The Star Spangled Banner* richtig zur Geltung. Jeff Beck war während seiner gesamten Karriere ein großer Verfechter des Whammy Bars, wobei sein erstaunliches „*Cause We've Ended as Lovers*" ein ikonisches Beispiel für sein Können ist.

In den 80er und 90er Jahren fand der Whammy Bar eine neue Bedeutung bei Spielern wie Eddie Van Halen, Adrian Belew, Joe Satriani und Steve Vai, die alle die Grenzen des Instruments mit den damals modernsten Floyd Rose-Systemen verschoben.

Beim Notieren der Verwendung des Whammy Bars wird die Form der Notenmanipulation auf die Tabulatur über den betroffenen Noten gezeichnet. Diese Linien werden rhythmisch mit den untenstehenden Noten synchronisiert.

Die erste Technik besteht darin, einer Note im Takt ein einfaches Vibrato hinzuzufügen. Spiele eine Note wie gewohnt und drücke den Hebel wiederholt schnell und geringfügig, um ein weiches Vibrato zu erzeugen. Wie du siehst, ist die Tabulatur für diese Technik eine gezacktere Vibratolinie, die schärfer ist als die Linien, die wir für das Standard-Vibrato verwenden. Manchmal sieht man die Worte „w/bar" zu einer normalen Vibratolinie hinzugefügt.

Beispiel 8a

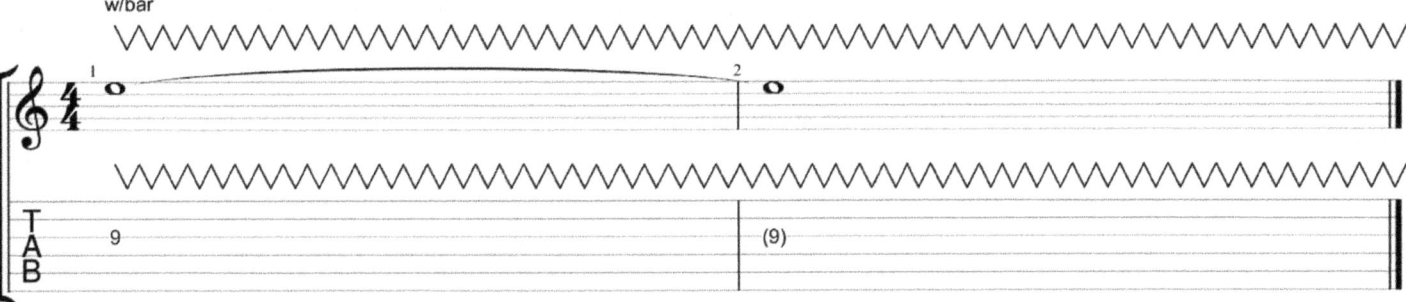

Die nächsthäufigste Technik ist das Bewegen (normalerweise absteigen) von einer definierten Tonhöhe zu einer anderen. Im ersten Takt des nächsten Beispiels wird die Note E für einen Schlag gehalten und dann mit dem Hebel um einen Ton abgesenkt. Wie du sehen kannst, ist die Bewegung des Whammy Bars oberhalb des Tabs notiert und beinhaltet die Kontur der Bewegung und den Abstand, um den die Note verringert werden sollte.

Im nächsten Takt senke ich die Note um einen Halbton und im dritten Takt senke ich die Note um eineinhalb Töne.

Beispiel 8b

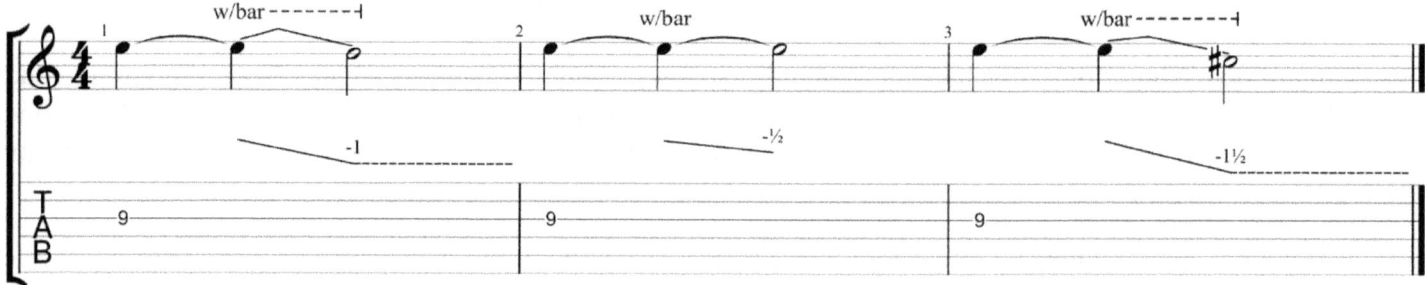

Natürlich muss der Hebel nach dem Drücken wieder in die Tonhöhe zurückkehren, und wenn dies hörbar sein soll, muss es in der Notation angezeigt werden. Es mag dich nicht überraschen, dass das Zeichen dafür eine diagonale Linie ist, die in die entgegengesetzte Richtung zeigt.

Beispiel 8c

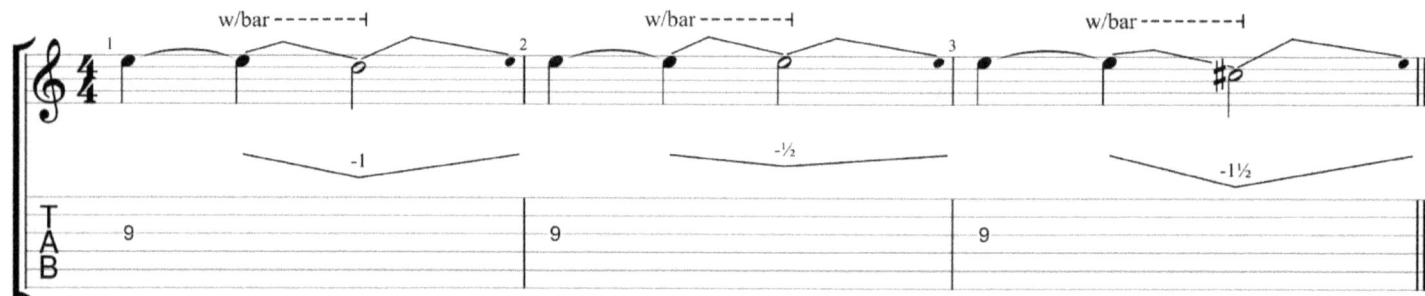

Beim Lesen des Tabs musst du möglicherweise genau auf den Punkt und die Geschwindigkeit achten, an dem der Whammy Bar gedrückt wird, wie lange er gedrückt bleibt und wie lange es dauert, bis er wieder zur Tonhöhe zurückkehrt. Während die folgenden Beispiele alle ähnlich aussehen und die Note um einen Ton senken, haben sie alle unterschiedliche Phrasierungen. Höre dir das Audiomaterial an, um zu hören, wie jeder der folgenden vier Whammy Bars den Sound verwendet.

Beispiel 8d

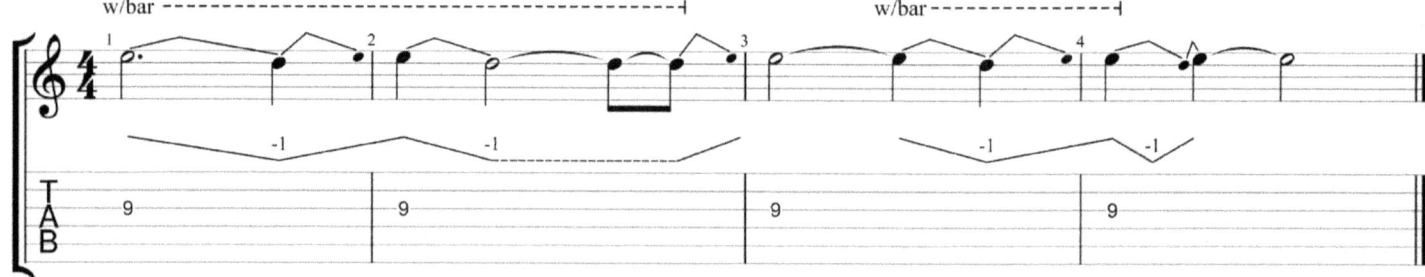

Eine weitere gängige Technik des Whammy Bars ist der *Dip*. Dies ist wirklich nicht viel mehr als ein schneller, kontrollierter Druck auf den Hebel, der den Ton schnell senkt und ihn sofort mit Hilfe der Federn in die Tonhöhe zurückbringt. Auch hier ist das Symbol recht einfach, aber achte in den folgenden beiden Beispielen darauf, wann der Dip stattfindet.

Beispiel 8e

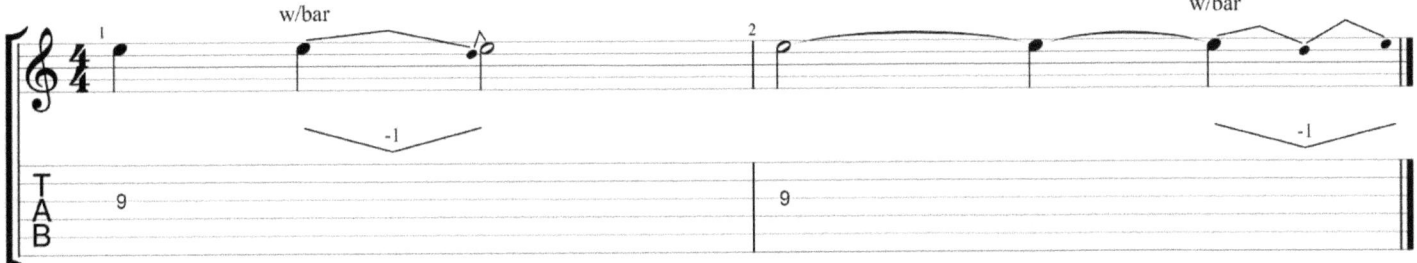

Ein Whammy Bar *Scoop* ist die Technik, bei der der Hebel (ca. 1/4- bis ein halber Ton) leicht gedrückt, die gewünschte Tonhöhe gewählt und der Whammy Bar losgelassen wird, um die gewünschte Note schnell von unten wieder in Stimmung zu bringen. Es ist eine trickreiche kleine Technik und ein großer Teil von Jeff Becks Gitarrensound. Ein Scoop wird durch eine deskriptiv geformte Linie gekennzeichnet, die wie ein Pre-Bend aussieht. Die folgende Phrase verwendet Scoops, die von der Skalenstufe unterhalb der Zielnote ausgehen.

Beispiel 8f

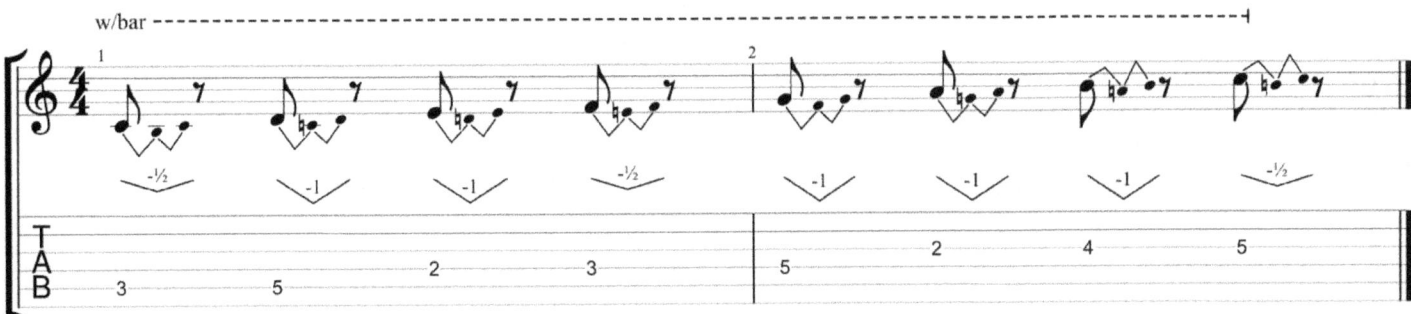

Durch weiteres Drücken der Whammy Bar kannst du einen *Dive* erstellen. Dies klingt großartig für eine einzelne Note oder einen Doublestop, aber für einen fantastischen 80er-Jahre-Vibe, probiere es mit einem natürlichen Oberton des 5. Bundes oder einem hohen gepinchten Oberton. Achte darauf, dass alle unbenutzten Saiten stumm bleiben.

Beispiel 8g

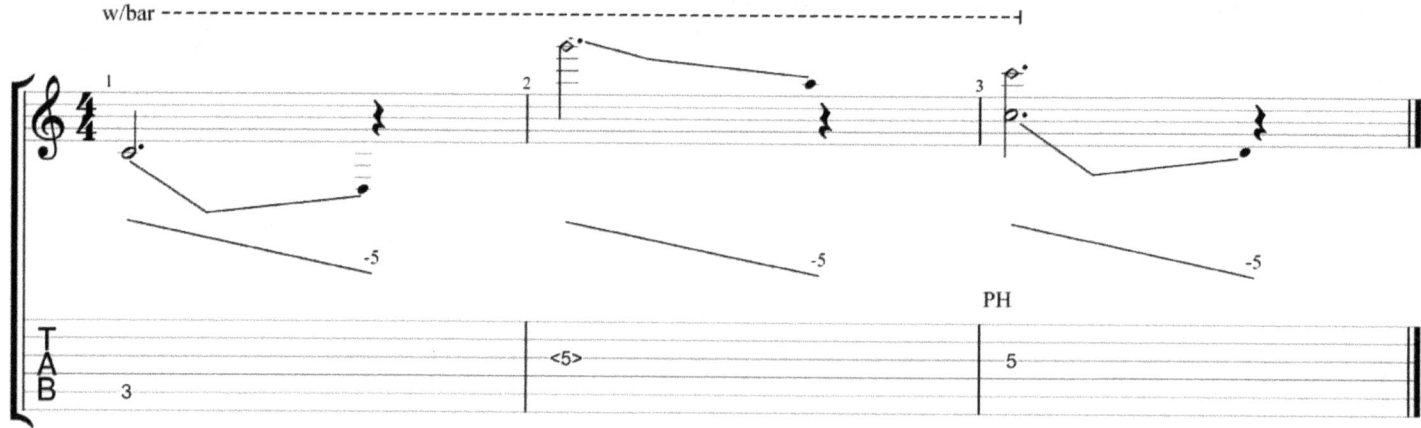

Flutter oder *Gurgle* ist eine Technik, die nur mit einem schwebenden oder einem Floyd Rose System wirklich möglich ist.

Um ein Flutter zu spielen, richte den Whammy Bar nach hinten auf den Gurtknopf der Gitarre und schlage ihn aggressiv nach hinten, um die Note durch die Vibration des Tremolos zu erzeugen. Auch hier gibt es verschiedene Möglichkeiten, dies zu notieren, aber dies ist das häufigste Symbol, das ich gesehen habe.

Beispiel 8h

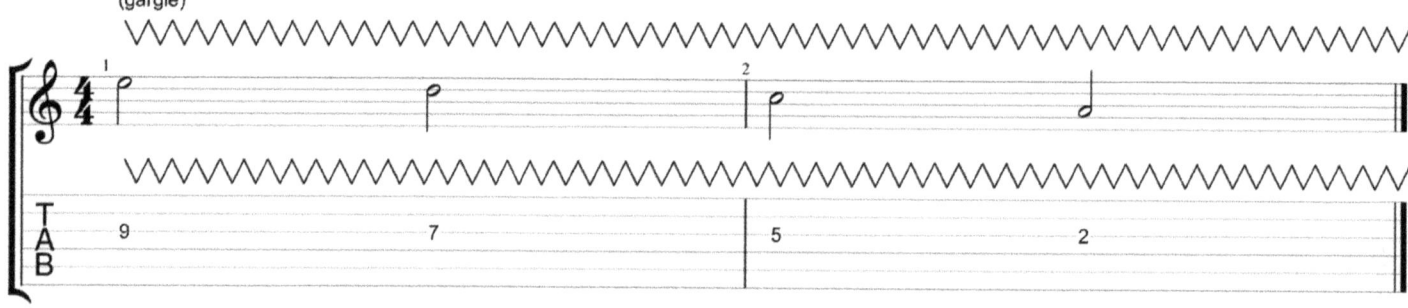

Kapitel Neun: Anweisungen zur Struktur

In Kapitel 1 haben wir einige der Grundlagen der Tabulatur-Partitur behandelt. Wir haben gesehen, dass es sechs Zeilen gibt, eine für jede Saite, dass die Musik in Takte (Maßeinheiten) und Beats (Schläge) unterteilt ist. In diesem Abschnitt werfen wir einen Blick auf einige der anderen Markierungen auf der Seite, die uns zeigen, in welcher Reihenfolge wir die Musik spielen sollen.

Taktstriche

Es gibt ein paar verschiedene Arten von Taktstrichen, auf die du beim Lesen von Gitarrentabulaturen stoßen wirst. Die erste ist einfach eine gerade Linie, die die Musik unterteilt und das Lesen erleichtert. Hier ist eine kurze Melodie, die in vier Takte unterteilt ist.

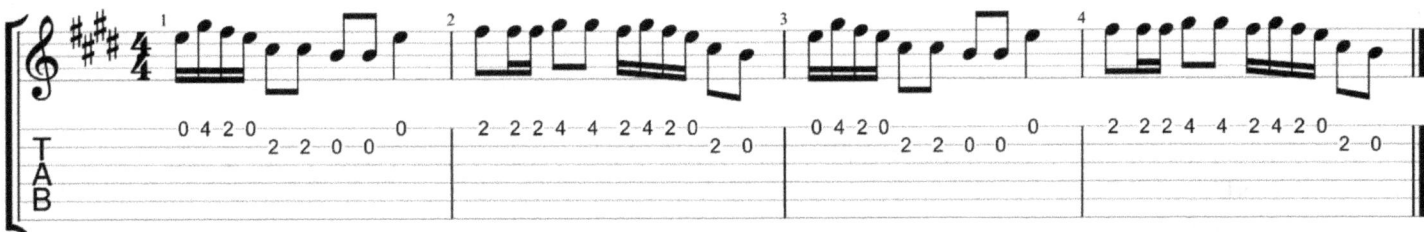

Als du Beispiel 9a durchgespielt hast, hast du wahrscheinlich bemerkt, dass die Melodie zweimal gespielt wurde. Musiker sind von Natur aus faul, also haben wir uns einige spezielle Taktlinien ausgedacht, die dem Interpreten sagen, alles zwischen ihnen zu wiederholen. Ein Doppelstrich mit zwei vertikalen Punkten ist ein *Wiederholungssymbol*. Eine wiederholte Phrase wird zwischen zwei sich wiederholenden Takten gelegt. Beachte, dass sich die Punkte auf der Seite der Linien befinden, die die Wiederholung enthalten.

Beispiel 9b klingt identisch mit Beispiel 9a:

Beispiel 9b

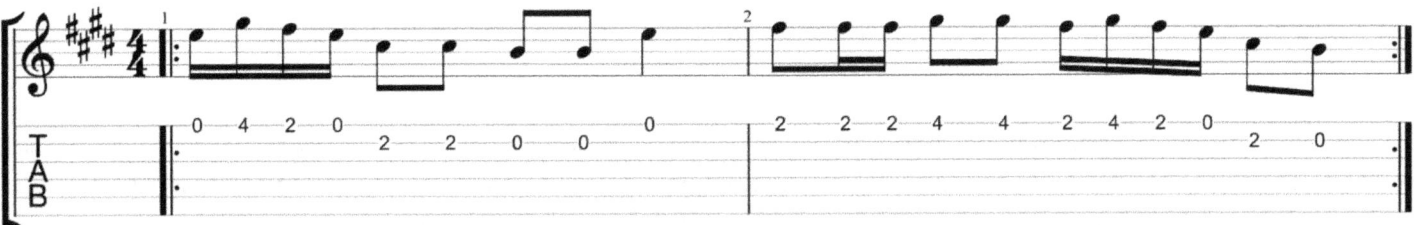

Ein Doppelstrich zeigt an, dass ein Teil der Musik beendet ist und ein anderer beginnt.

Beispiel 9c

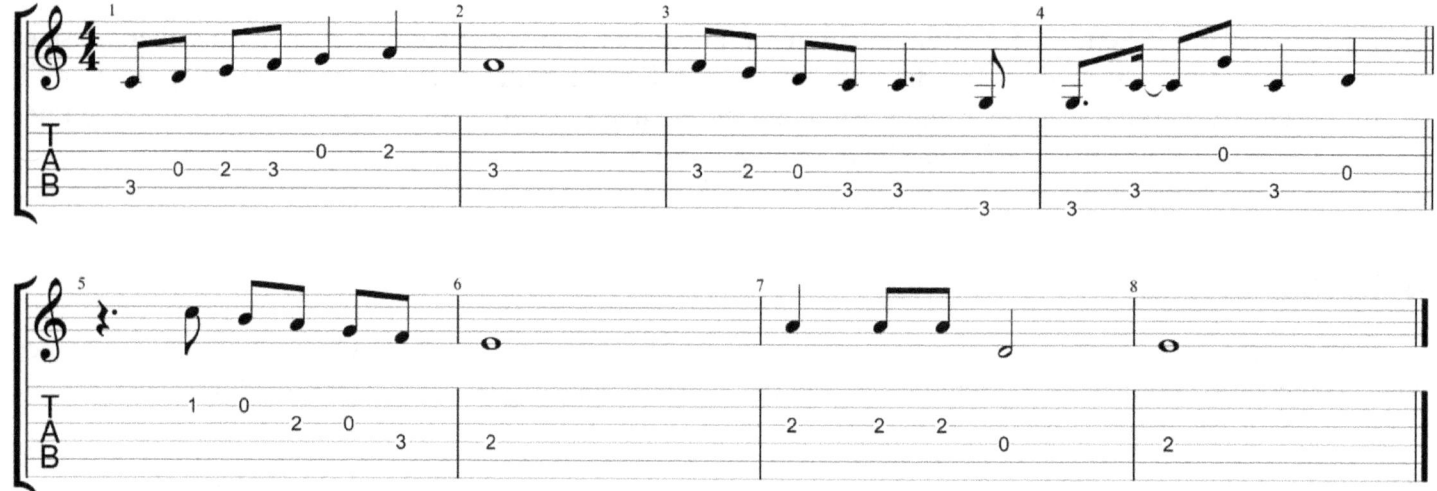

Simile-Zeichen („Faulenzer") funktionieren ähnlich wie Wiederholungszeichen, sind aber im Allgemeinen für akkordische oder riffbasierte Abschnitte reserviert. Schlagzeuger benutzen sie oft, da ihre Parts normalerweise sehr repetitiv sind.

Ein Simile-Zeichen sieht aus wie ein %-Zeichen und bedeutet, wenn es in einen leeren Takt gesetzt wird, *den vorherigen Takt zu wiederholen*. Im folgenden Beispiel würdest du den ersten Takt spielen und ihn dann dreimal wiederholen.

Beispiel 9d

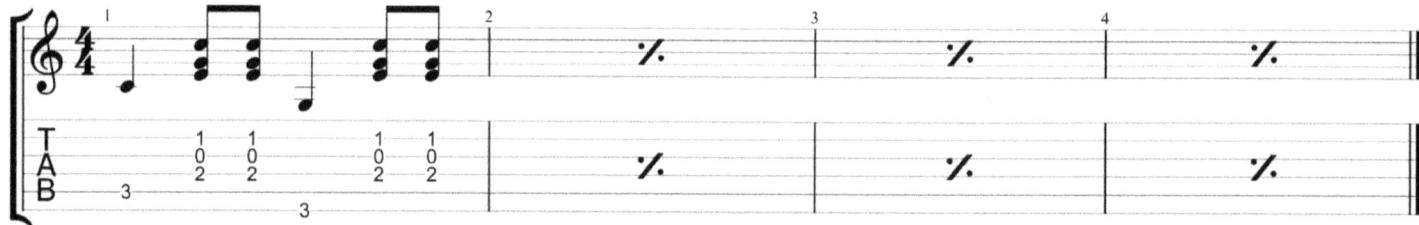

Simile Markierungen können auch zwischen zwei Takten platziert und direkt auf die Taktlinie geschrieben werden, um anzuzeigen, dass eine beliebige Anzahl von vorherigen Takten wiederholt werden sollte. Die Anzahl der Linien im Simile-Zeichen gibt an, wie viele Takte wiederholt werden müssen.

In der folgenden Notation sagt dir das Simile-Zeichen beispielsweise, dass du die beiden vorherigen Takte wiederholen sollst.

Beispiel 9e

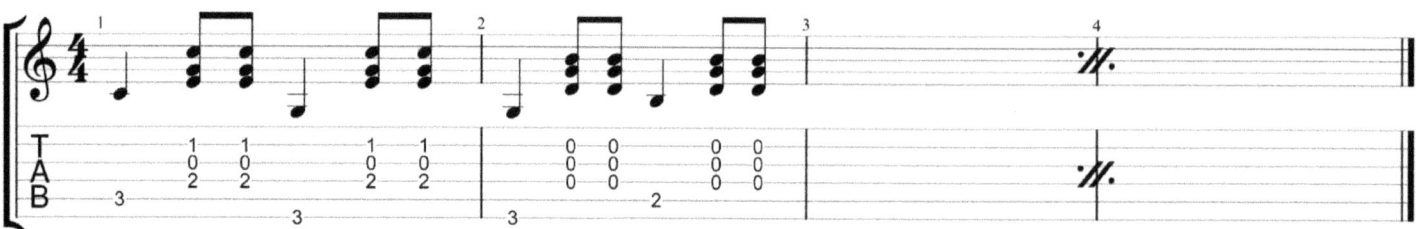

Volta-Klammern haben mich als Kind sehr verwirrt, aber eigentlich sind sie ganz einfach. Du kannst dir diese als verschiedene Endungen vorstellen, die nach einem wiederholten Abschnitt gespielt werden sollen.

Spiele im folgenden Beispiel die achttaktige Akkordfolge und wiederhole sie entsprechend den Wiederholungszeichen. Beim zweiten Durchgang spielst du anstatt des Schlusstaktes unter der ersten Klammer, den Schlusstakt unter der zweiten Klammer.

Beispiel 9f

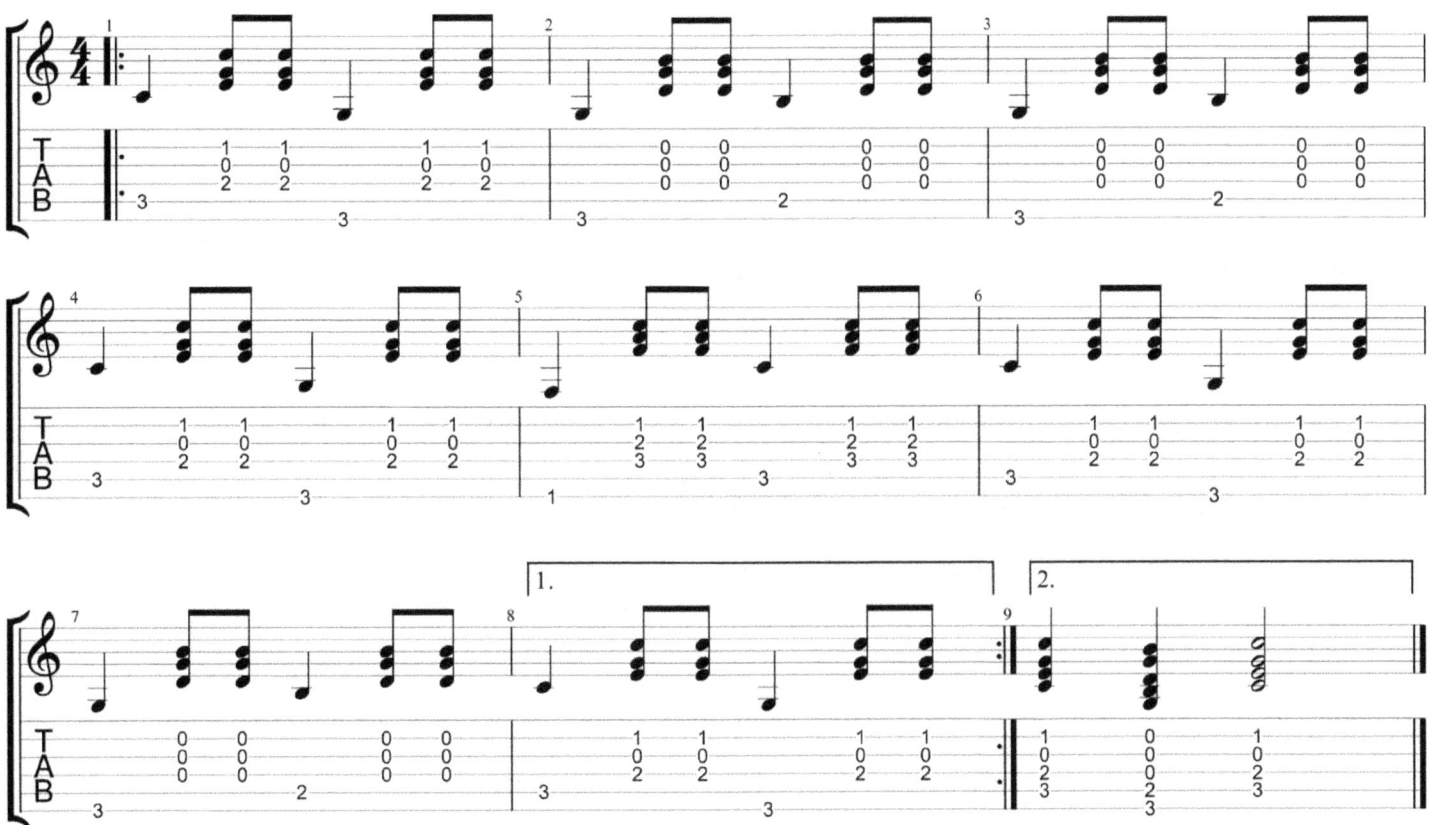

NB: Es ist möglich, mehr als zwei Endungen zu haben, du könntest ein 1., 2. und 3. Ende haben usw.

Ein Textstück, das dir gelegentlich begegnet, ist *Da Capo* (oder *D.C.*). Das ist italienisch und bedeutet „von Anfang an". Es befindet sich normalerweise direkt am Ende eines Stückes und sagt dir, dass du das ganze Musikstück wiederholen sollst.

Das Wort *fine*, (italienisch für „Ende") wird oft früher in der Musik platziert und zeigt, wo man das Stück nach dem Da Capo beenden sollte. Oft sieht man den Ausdruck *Da Capo al fine* (oder *D.C. al fine*), was bedeutet: „Gehe zurück zum Anfang des Stückes und spiele weiter, bis du das Wort *Fine* siehst".

In Beispiel 9g, spielst du die viertaktige Phrase bis zur Markierung von *D.C. Al fine*, dann beginnst du wieder von vorne und endest mit dem Wort *Fine* in Takt drei.

Beispiel 9g

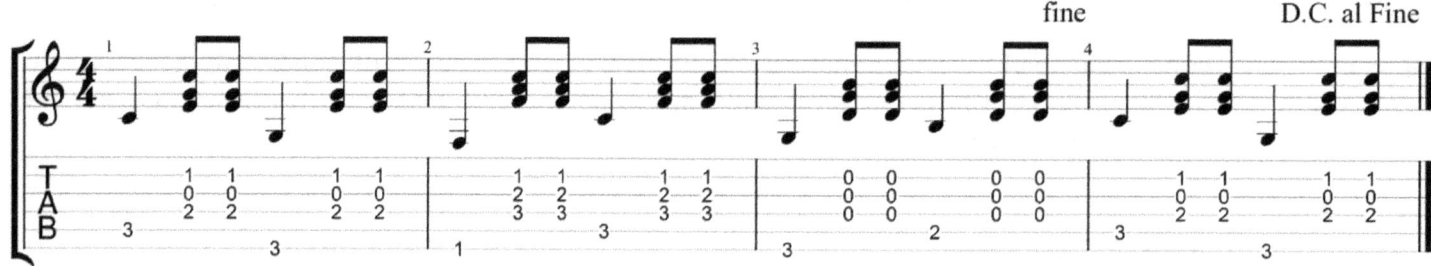

Manchmal verlangt die Musik nicht, dass du bis zum Anfang des Stückes zurückgehen musst. Stattdessen musst du möglicherweise zu einem bestimmten Takt oder Abschnitt zurückkehren. Die Arte und Weise, dies zu notieren, ist mit einem *Dal Segno* oder *D.S.* (ausgesprochen *sen-yo*). Das Segno ist ein kleines Zeichen, das wie ein S mit einem / aussieht und an jeder Stelle in der Musik erscheinen kann.

D.S. al fine bedeutet „gehe zurück bis zum Segno-Zeichen und spiele bis zum Ende". Das folgende Beispiel ist zwar recht kurz, aber stelle dir vor, wie viel Zeit dieses System vor einigen hundert Jahren beim Schreiben von Sinfonien für 100 Instrumente mit einem Federkiel gespart hätte.

Im nächsten Beispiel spiele die viertaktige Phrase und nimm das *D.S. al. fine*. Das Segno befindet sich am Anfang von Takt zwei, so dass du insgesamt sechs Takte spielen wirst. Höre dir das Audio an, wenn du dir nicht sicher bist, was du tun sollst.

Beispiel 9h

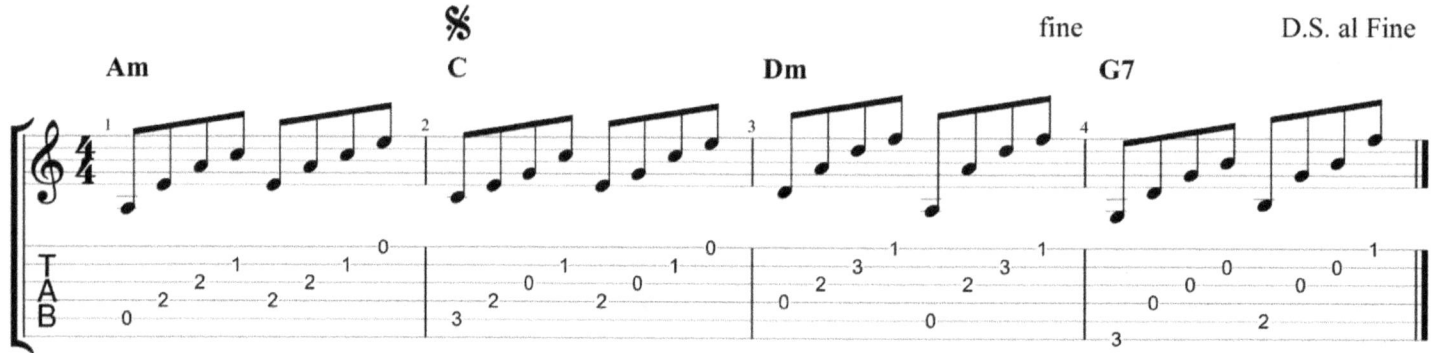

Eine letzte Anweisung, auf die du stoßen kannst, ist *Da Capo al coda* (D.C. al coda) oder *Dal Segno al coda* (D.S. al coda).

Eine Coda wird durch das Symbol dargestellt ⊕ und ist (normalerweise) ein kurzer Abschnitt, der an das Ende eines Musikstücks angefügt wird, um es zu einem zufriedenstellenden Abschluss zu bringen. In der modernen Musik sind sie normalerweise zwischen vier und sechzehn Takte lang und können ein „repeat till fade"-Vamp (Vamp = vokale oder instrumentelle Soli) oder jede andere unzählige Möglichkeit sein, einen Song zu beenden.

Wenn du also die Phrase *Da Capo al coda* (oder *D.C. al coda*) siehst, bedeutet das: „Gehe zurück zum Anfang, spiele durch, bis du das Wort *da coda* (oder das Zeichen ⌽) siehst, dann springe zu dem Coda-Abschnitt, der nach dem Hauptteil der Musik geschrieben ist".

Die Phrase *Da Segno al coda* (oder *D.S. al coda*) bedeutet „Gehe zurück zum Segno-Zeichen, spiele durch, bis du das Wort *da coda* (oder das Zeichen ⌽) siehst, dann springe zum Coda-Abschnitt, der nach dem Hauptteil der Musik geschrieben ist".

In Beispiel 9i habe ich *D.C. al coda* verwendet, also spiele die ganzen vier Takte durch, gehe zurück zum Anfang und spiele bis zum Coda-Zeichen am Ende von Takt zwei. Springe vorwärts zum Coda-Abschnitt am Ende der Musik (auch durch das Coda-Symbol dargestellt) und wiederhole ihn, wie durch die Wiederholungsmarkierungen angezeigt. Beende im dritten Takt der Coda nach dem Spielen des wiederholten Abschnitts.

Beispiel 9i

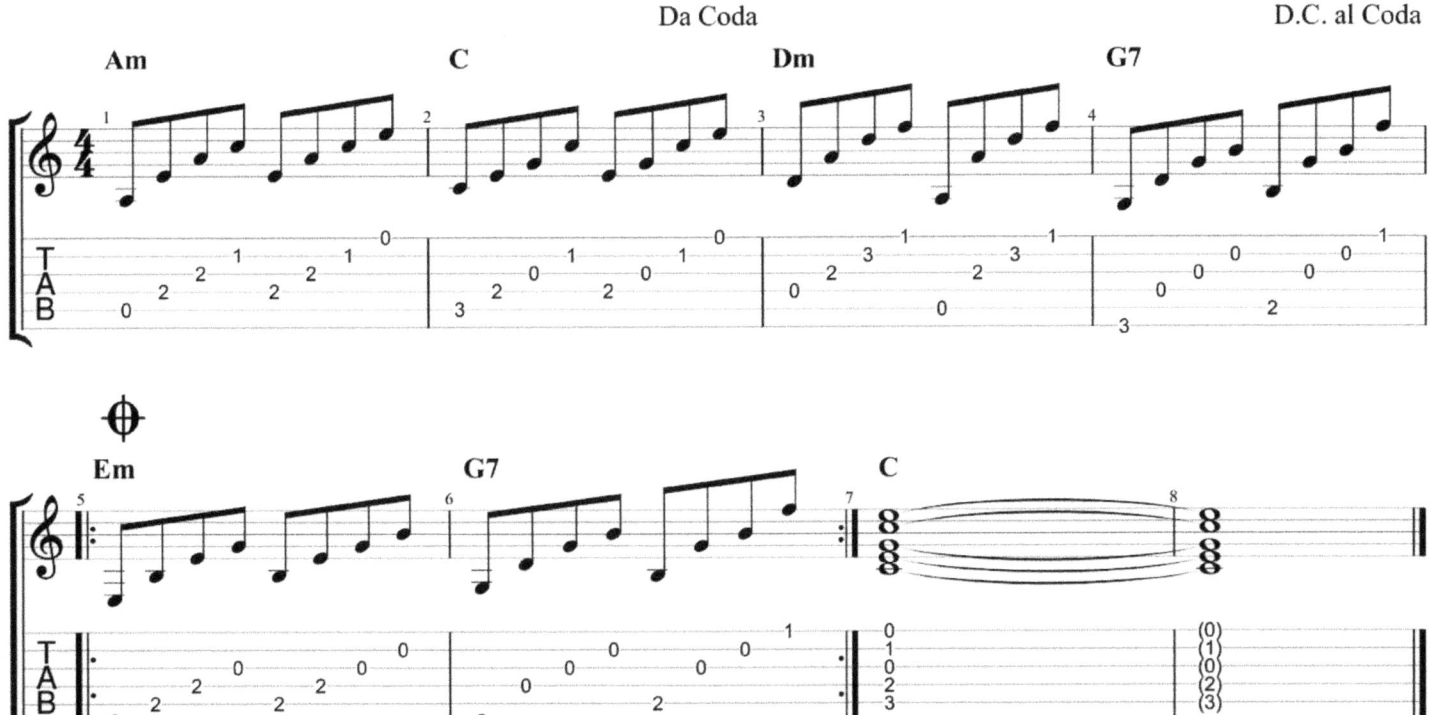

Wenn du anfängst, können D.C. Markierungen ein wenig verwirrend sein und du musst definitiv nach ihnen Ausschau halten. Sobald du jedoch weißt, wie sie funktionieren, kannst du dir viel Arbeit ersparen und schnell Ideen notieren, die du deinen Bandkollegen geben kannst. Sie im Tab zu erkennen, ist eine wichtige Fähigkeit.

Fazit

Nun, wir haben es geschafft! Was damit begann, dass ich einen Kurzleitfaden für meine Schüler schreiben wollte, ist zu einem kleinen Monster geworden – aber ich hoffe, dass es dich in die Lage versetzt hat, die vielen und vielfältigen Nuancen der Gitarrentechnik zu lesen, die du in der Musik antreffen wirst. Ein großartiger nächster Schritt wäre es, einige Kopien deiner Lieblingssoli auszugraben und die Tabs zu untersuchen, um die Dinge zu erkennen, die wir hier besprochen haben. Warum versuchst du nicht, ein eigenes Solo zu komponieren und es dann mit den in diesem Buch gelehrten Artikulations- und Dynamikmarkierungen auszudrucken?

Viel Spaß beim Spielen,

Joseph.

www.ingramcontent.com/pod-product-compliance
Lightning Source LLC
LaVergne TN
LVHW061255060426
835507LV00020B/2328